# FASHIONISTAS

Sarra Manning

# FASHIONISTAS

## *Laura*

Tradução
Julia Seixas Romeu

PRUMO
jovem

Título original: *Fashionistas - Laura*


**Gerente editorial**
Jiro Takahashi

**Editora**
Luciana Paixão

**Editor assistente**
Thiago Mlaker

**Assistente editorial**
Diego de Kerchove

**Preparação de texto**
Amanda Orlando

**Revisão**
Rosamaria Gaspar Affonso
Edgar Costa Silva

**Criação, projeto e produção gráfica**
Thiago Sousa

**Assistentes de criação**
Marcos Gubiotti
Juliana Ida

**Ilustração e capa:** Alpio Stanchi

**CIP-Brasil. Catalogação-na-fonte**
**Sindicato Nacional dos Editores de Livros, RJ**

M246f Manning, Sarra
Fashionistas : Laura / Sarra Manning ; tradução Julia Seixas Romeu.
- São Paulo : Prumo, 2011.
(Fashionistas ; 1)

ISBN 978-85-7927-132-8

1. Literatura infantojuvenil inglesa. I. Romeu, Julia. II. Título. III. Série.

11-2904. CDD: 028.5
CDU: 087.5

Direitos de edição para o Brasil: Editora Prumo Ltda.
Rua Júlio Diniz, 56 – 5º andar – São Paulo/SP – CEP: 04547-090
Tel.: (11) 3729-0244 – Fax: (11) 3045-4100
E-mail: contato@editoraprumo.com.br
Site: www.editoraprumo.com.br

# Livro um:

# Laura

Você tem um rosto lindo, e ele vai levá-la a muitos lugares...
– "Dress Up In You" [Se vista de você], Belle and Sebastian

# PRÓLOGO

As luzes do estúdio eram mais quentes do que o sol no deserto do Saara. Apesar de seu rosto estar coberto por uma fina camada de pó compacto, Laura tinha certeza de que começava a suar. Ao seu lado, Nemi estava tremendo. A mão dela apertava a de Laura com força, embora na semana anterior a câmera a houvesse flagrado chamando Laura de "vaca gorda." Nemi não merecia ganhar. Nemi tinha olhos esbugalhados, veias esquisitas na perna e, pior de tudo, era uma chata escandalosa que achava que a Europa era um país "em algum lugar perto da França, né?".

Laura tentou se concentrar ao ver que Daisy Bloom, uma ex-*top model* que tinha virado apresentadora de TV, estava começando seu último discurso da noite.

– Os juízes deliberaram, o público votou e em breve eu vou revelar a ganhadora do *Quero ser modelo 2011*. Mas, antes, falarei dos prêmios que a feliz vencedora vai receber: um contrato com a agência internacional de modelos Fierce, uma foto na capa da revista *Skirt* clicada pelo renomado fotógrafo Gerry Valandry e um contrato exclusivo com a Cosméticos Sparkle no valor de cem mil libras...

*Chega desse blá-blá-blá, pelo amor de Deus!*, pensou Laura.

As luzes estavam fortes demais para que Laura pudesse distinguir algum rosto na plateia, mas ela sabia que seus pais deviam estar nos lugares de sempre, na ponta esquerda da terceira fileira, com Tom logo atrás. O rosto dele mostraria diversas emoções conflitantes, entre elas a vergonha por estar aparecendo ao vivo na televisão e o orgulho por ter uma namorada tão linda. Coitadinho, que menino mais complicado!

O tempo se tornara um conceito relativo. Laura estava prestes a começar uma nova fase de sua vida, mas sentia-se como se estivesse presa no purgatório, eternamente condenada a desejar que Daisy parasse de aumentar a tensão dos telespectadores. Ela sabia que a ganhadora não seria revelada naquele momento, pois o diretor do programa estava segurando um cartão que dizia: "Enrolar por mais trinta segundos". Além do mais, Laura estava com vontade de fazer xixi, e a fita crepe que prendia seu vestido lhe fazia cócegas.

– Boa sorte – sussurrou Laura para Nemi, que apertou sua mão com mais força ainda.

Mas o que ela queria dizer na verdade era: "Boa sorte quando você estiver perguntando aos clientes se eles vão querer batata frita para acompanhar o hambúrguer, sua vagabunda".

– Bem, há duas meninas lindas na minha frente – declarou Daisy com sua voz rouca e sensual, aproximando-se das duas.

Laura forçou um sorriso. Seus lábios se moveram sobre dentes completamente secos, pois todo o seu suprimento de saliva havia descido para a bexiga, assim como todos os outros líquidos de seu corpo. *Pare de pensar em fazer xixi!*, ordenou ela para si mesma.

Daisy fez mais uma pausa dramática. Era quase insuportável.

– Mas só há uma fotografia em minhas mãos – continuou ela. – Uma dessas meninas é inegavelmente bonita, mas ser uma modelo é muito mais do que isso. Também é preciso haver beleza interior. A cada semana do programa, vimos Nemi em fotos incríveis, mas também vimos um lado bem feio dela quando estava diante dos juízes. O público ama sua aparência, Nemi. Mas será que isso é suficiente?

Nemi devia achar que sim, pois estava chorando bem na hora programada, como fazia toda semana. Uma única lágrima, brilhante como um cristal, rolou gentilmente pela pele cor de caramelo de seu rosto. Ficou lindo na TV, e nem borrou a maquiagem dela.

– Mas o público também ama você, Laura. Você não teve nenhuma foto ruim durante a competição inteira, mas nós também vimos a beleza de seu espírito, seu senso de humor e, até quando caiu durante o último teste de passarela, você virou a situação a seu favor. Mas será que seu brilho vai ser suficiente para sobreviver no mundo selvagem da moda, ou será que ele vai se apagar rápido demais?

Laura ficou tentada a gritar "Fale logo quem é a droga da vencedora!". Mas seu bom-senso a impediu de fazer isso. Ela estava usando suas últimas forças para deixar seus olhos do tamanho dos do Bambi, pois não queria chorar. Meu Deus, ela queria aquilo mais do que tudo no mundo. Já dava até para sentir o gostinho – e era igual ao do maior sundae de chocolate do mundo, com calda extra.

Daisy ficou em silêncio por mais cinco segundos. Um dia, quando as câmeras estavam desligadas, ela havia dito a Laura que contava devagar até cinco para saber o momento exato de anunciar a vencedora. Finalmente, Daisy se empertigou, mostrando a enormidade de seu 1,78m, e balançou de leve seus cachos platinados, que lhe rendiam um milhão de libras por ano em comerciais de xampu. E então, ela mostrou a fotografia que estava escondida atrás de suas costas.

Laura apertou os olhos para vê-la melhor. Por um segundo deliciosamente terrível, ela achou que era a foto de Nemi. Fechou os olhos e abriu-os de novo. Era a Nemi? Não parecia a Nemi. Parecia ela naquela foto ridícula que tivera de tirar aquela semana, em que cada modelo havia sido uma criatura marinha diferente. Laura fora um golfinho. Aquele vestido de cetim cinza não tinha lhe caído nada bem, e quanto a...

– Parabéns, Laura. Você é nossa nova modelo – disse Daisy.

Mas Laura não ouviu nada, pois Nemi estava gritando de ódio.

# Capítulo um

Quando Laura parou para pensar, concluiu que o momento em que fora vista por um olheiro do *Quero ser modelo* no shopping Trafford Centre havia sido obra do destino. E todos os momentos que se seguiram também. Sem eles, ela não estaria onde estava agora: espremida no banco de trás do carro de seu pai junto com quase tudo que possuía nessa vida, estacionando em frente a um conjunto de casas em Camden, no norte de Londres.

Porque, secretamente, Laura sempre quisera ser modelo. Mas nunca falava nada para ninguém, pois admitir que você está pensando em ganhar a vida como modelo é a mesma coisa que estampar "Ai, como eu me acho linda" numa camiseta.

Era só mais um dos sonhos com os quais Laura se divertia durante uma aula particularmente chata, ou quando um de seus professores estava falando dos testes que eles teriam de fazer para entrar numa faculdade ou do treinamento vocacional pelo qual precisariam passar. Tudo bem, ela já passara inúmeras tardes no shopping torcendo para que um olheiro de alguma agência de modelos a descobrisse, mas pelo menos nunca tinha pedido para seu pai tirar uma foto sua de biquíni e mandado para uma delas. Teria sido tão ridículo!

Laura desamassou a carta que recebera da Agência Fierce e leu-a mais uma vez, embora já soubesse o conteúdo de cor.

*Querida Laura,*

*Bem-vinda à Agência Fierce e à sua excitante carreira como uma de nossas novas modelos.*

*Nós arranjamos acomodações para você num dos apartamentos que reservamos para nossas modelos. Você vai dividi-lo com três outras meninas. Todas vocês acabaram de chegar a Londres e, por isso, poderão ajudar umas às outras a se adaptar à vida na cidade.*

*Sua nova casa fica na Rua Bayham, número 47, apartamento 3, Camden. Dentro do envelope há também sua chave e um inventário de tudo que existe no apartamento. Por favor, verifique se tudo está em ordem, assine-o e entregue-o a seu booker quando for à agência, às dez da manhã de terça-feira.*

*O aluguel do apartamento é de 750 libras por mês e nós o abateremos do dinheiro que você ganhar com os trabalhos que conseguir.*

*Pelo nosso contrato, você é obrigada a morar nas acomodações que arranjamos até fazer dezoito anos. Outras acomodações só serão possíveis mediante uma autorização assinada por seus responsáveis.*

*Por favor, lembre-se de que, além de serem seus agentes, os funcionários da Agência Fierce também são seus amigos.*

*Esperamos que nossa parceria seja longa e bem-sucedida.*

*Atenciosamente,*
*Agência Fierce*

Não era sonho. Era verdade. Ela era uma modelo. Aquela carta era a prova.

Dentro do apartamento 3 do número 47 da Rua Bayham, tudo era bege e branco. O lugar era o paraíso dos tons neutros, e era composto por diversos cômodos tão minúsculos que mal eram suficientes para formar uma residência. Havia um pequeno vestíbulo que dava na sala de estar – um cômodo com enormes janelas e um sofá molengo de couro que fez um som de pum quando o pai de Laura sentou nele –, um banheiro minúsculo, uma cozinha microscópica e quatro portas fechadas que pareciam estar pedindo por uma placa de "Não perturbe."

Só havia uma coisinha preocupando Laura: as três outras modelos que viveriam ali com ela. Mas alguma delas tinha ganhado de seis mil outras meninas num concurso que englobara o país inteiro? Nããããããoooooo!!!!! Além do mais, quando o assunto era lidar com gente invejosa, Laura era campeã. E ela havia sido a primeira a chegar ali, o que lhe dava certos direitos. Por isso, enquanto o pai ia pegar as malas no carro e a mãe colocava uma montanha de comida na geladeira, Laura começou a abrir as portas dos quartos cuidadosamente, uma a uma.

Dois deles não eram tão pequenos, mas suas janelas davam para um cruzamento cheio de carros buzinando. O terceiro quarto ficava do lado do banheiro e, por eliminação, Laura decidiu ficar com o menor de todos, um que mais parecia um closet do que um dormitório. Mas ele tinha um armário bem grande e sua janela dava para um jardinzinho tranquilo.

– Puxa, Laura, não cabe nem uma formiga aqui dentro.

A mãe de Laura estava parada na porta do quarto, usando seu segundo melhor avental e segurando um desinfetante. Ela havia trazido um monte de produtos de limpeza e estava determinada a usá-los de qualquer jeito.

– Não, aqui está bom – insistiu Laura, sentando na cama para ver como era o colchão. – Tudo bem, mais parece um ovo de tão pequeno, mas pelo menos é silencioso e tem uma vista bonita. Eu provavelmente vou alugar um apartamento só para mim depois que for contratada para algumas campanhas.

– Huuuuummmm. Não vá se animando demais – aconselhou a mãe de Laura.

Ela tirou as luvas, sentou ao lado de filha e começou a massagear os ombros dela. Mas Laura estava calma. Bem, mais ou menos...

– Você podia ser um pouco mais positiva, mãe – Laura suspirou.

Ela sabia perfeitamente que tom de voz usar, pois vinha dizendo aquela frase pelo menos uma vez por dia desde que ganhara o *Quero ser modelo.*

– Sei que você não esperava que eu fosse sair de casa com dezessete anos, mas vou virar uma modelo. Aliás, já *sou* uma modelo! E estou animada com isso – continuou Laura.

A mãe dela não respondeu nada imediatamente. "Ainda deve estar se estressando com o desperdício das notas boas que eu tirei na escola", pensou Laura, irritada.

– Bem, é uma oportunidade maravilhosa – disse-lhe a mãe, finalmente. – Você pode trabalhar por uns seis meses, ganhar algum dinheiro e ir para a faculdade com tudo já pago.

– Então, vamos ser um pouco otimistas? – perguntou Laura com um sorriso.

Ir para a faculdade não combinava muito bem com seu plano de morar em Nova York, com diversos contratos multimilionários assinados antes de fazer dezenove anos, mas era melhor não discutir o assunto naquele momento.

– Vou tentar. – A mãe riu e apertou Laura a ponto de quase lhe quebrar as costelas.

E, justamente quando Laura achou que ia precisar dar uma bronca na mãe para obrigá-la a parar de fazer cara feia, ela abriu um enorme sorriso e observou a montanha de malas e caixas que esperavam para ser abertas.

– Vou ajudar você a se organizar antes que seu pai comece a reclamar do trânsito que vamos pegar na volta.

A despedida foi triste, mas curta.

– Não se esqueça de desligar tudo antes de sair – pediu a mãe de Laura pela enésima vez, enquanto a filha e o marido a enfiavam no carro. – Vou ligar para você todas as noites, e pode telefonar para nós na hora que quiser. E lembre-se de comprar um bilhete de metrô daqueles que servem para um mês inteiro, para não ter de ficar comprando toda hora. Eu imprimi as instruções e deixei numa pasta dentro da sua mala azul e...

– Tchau, meu amor – o pai se despediu de Laura, já virando a chave na ignição. – Não beba demais e não fique muito metida.

Eles partiram; a mãe ainda gesticulava a mão freneticamente para fora da janela até que quase foi arrancada por um ciclista que passava pela rua.

Relutante, Laura entrou de novo no apartamento. O terror desconhecido, que eram as três meninas que o dividiriam com ela, estava começando a incomodá-la de verdade. Tomara que elas estivessem com mais medo do que ela. Não que Laura estivesse com medo – afinal, agora era um membro oficial do clube das pessoas bonitas, e já adquirira bastante experiência. Depois de doze semanas no *Quero ser modelo*, ela praticamente se tornara uma veterana do mundo da moda.

Sua mãe entupira a geladeira com recipientes cheios de comida e deixara instruções ensinando Laura a esquentá-los no micro-ondas, pois ela não sabia cozinhar. Além do mais, ela não queria que sua única filha pegasse salmonela. Laura mordiscou um biscoito enquanto esperava a água ferver na chaleira e então ficou paralisada ao ouvir o som de... bom, era possível que uma manada de búfalos estivesse subindo a escada.

– Oi! Tem alguém em casa?

Laura conhecia aquela voz. Ela não sabia como, mas aquele sotaque arrastado lhe era familiar. Laura respirou fundo e olhou pela porta da cozinha.

– Oi, eu... Meu Deus, você é a Candy Careless!

E era mesmo. Ela estava parada no meio da sala de estar, afastando os cabelos muito negros para que Laura pudesse ver aquele par de olhos azuis brilhantes e aquela pele de porcelana ao vivo e em cores.

– E você é a menina daquele programa sobre modelos. – Candy olhou um pedacinho de papel que segurava na mão cheia de anéis de plástico coloridos. – Laura Parker? Você é mais alta do que parecia na televisão.

– Mas... o que... quer dizer....

Candy esperou pacientemente até que Laura conseguisse articular a pergunta.

– Você não é modelo, é? – perguntou ela finalmente.

Candy fez uma pose, colocando uma das mãos no quadril e a outra no queixo e fazendo beicinho. Era bizarro; como se ela estivesse fazendo uma exibição para uma plateia de uma pessoa só: Laura.

– É, eu sei que sou baixinha demais para andar na passarela e para tirar fotos com outras modelos, e que poderia oficialmente ser considerada uma anã se tivesse cinco centímetros a menos de altura. Mas isso não importa num mundo em que os produtos vendem melhor quando a campanha é feita por uma celebridade.

– Ah, tá... – murmurou Laura.

Ela precisou se controlar para não se abaixar, pois era bem possível que pudesse oficialmente ser considerada uma gigante se tivesse cinco centímetros a *mais* de altura. Candy era exatamente como na televisão: exagerada em tudo. Ela era mesmo pequenininha, mas agia como se o mundo é que fosse grande demais. Dobrando um pouco os joelhos para compensar a diferença de altura, Laura tentou desesperadamente pensar em algo para dizer.

– É estranho nós duas termos estado em *reality shows* – ela acabou dizendo.

Candy virou a cabeça tão rápido que seu pescoço deve ter doído. Ou isso ou ela estava praticando para dar a volta toda, como a menina de *O Exorcista*.

– *The Careless* não é um *reality show* – corrigiu ela, irritada. – É um docudrama baseado em realidade que inaugurou um novo gênero televisivo. Vou escolher meu quarto.

Candy Careless. Conhecida como "A Destemida" pela imprensa desde que sua família melhorara bastante as finanças estrelando seu próprio *reality show* (para Laura, nada do que Candy havia dito importava: *era* um *reality show*). O programa *The Careless* tinha apresentado ao mundo o pai de Candy, David, e sua mãe, Bette, os santos padroeiros do *grunge*, do *emo* e de praticamente qualquer gênero musical surgido nos últimos vinte anos. Talvez com exceção do R&B e do crunk. A banda deles, que também se chamava The Careless, havia sido formada em Nova York no meio da década de 1980 e influenciado todo mundo, desde o Nirvana até o Death Cab for Cutie. Mas eles não ganharam muito dinheiro, até que acharam uma mina de ouro no horário nobre e passaram a estrelar um programa que mostrava a maneira louca como se comportavam no pequeno apartamento de Manhattan onde viviam. O pai de Candy era um doidão monossilábico, sua mãe era uma neurótica elegante e irritadiça, e havia ainda a formidável Conceptua, que fazia as vezes de governanta, babá e contadora, e mantinha a família unida. Mas fora Candy quem roubara todas as cenas. Candy, com sua compulsão por compras, soltava os comentários mais sarcásticos e brigava aos berros com a mãe, tudo na telinha. Tinha sido ela a autora da muitíssimo repetida frase "A vida é minha e a bunda é minha, mamãe", que dissera após fazer a tatuagem de um tigre em uma das nádegas quando completou dezesseis anos.

Laura soltou um longo suspiro ao ouvir Candy gritar alguma coisa sobre "esta merda de apartamento", mas foi impedida de tomar uma providência – como, por exemplo, destruir algumas das paredes para aumentar um pouco o quarto de Candy – pela chegada de duas malas estampadas com caveirinhas.

Candy estava tão ocupada brigando com os pobres entregadores por causa de uma mala extraviada que nem percebeu a menina alta de cabelos negros que deslizou para dentro do apartamento com duas sacolas cheias de roupas. Ela se movia como um gato. Um gato selvagem, com um sorriso de predador nos lábios. Ela ergueu uma sobrancelha sarcasticamente para Laura e foi na direção do quarto maior.

– Ei... – disse Laura.

Mas ninguém ouviu nada. Cinco segundos depois, Candy ordenou que os entregadores levassem sua bagagem para o quarto que escolhera. Laura colocou as mãos nos ouvidos ao escutar o grito de Candy, que reverberou por todo o apartamento.

– *Quem* é você?!!

Era possível que um dos tímpanos de Laura houvesse sido perfurado. Ela ouviu uma resposta abafada.

– Mas este é o meu quarto! Eu já tinha dito que ia ficar com este quarto!

– Que pena!

A mulher-gato seguiu Candy até a sala, cruzou os braços e olhou muito feio para Laura.

– Você conhece *este* menina? – perguntou ela com um forte sotaque do Leste Europeu.

Houve alguns segundos de doce silêncio antes de Candy ter uma das explosões que eram sua marca registrada. Foi pior que dois episódios seguidos de *Supernatural*.

– Ai, meu Deus!!! – berrou ela. – Por que eu preciso ser cercada de gente idiota?? Por que ninguém fez uma pré-seleção do meu quarto? Que agência de quinta é essa? Acho melhor a gente resolver isso a-go-ra ou eu vou soltar minha agente em cima de você. Perto dela, eu sou um coelhinho de tão mansa.

Foi impressionante. Candy não parou para respirar nem uma vez. Ela terminou pegando sua mala menor e jogando-a do outro lado da sala. A maleta arrancou uma foto em preto e branco de um casal se beijando do ganchinho que a prendia na parede. "Lá se vai nosso depósito", pensou Laura, enquanto os dois entregadores trocavam um olhar que dizia claramente "Essa daí é doida de pedra".

Nos três minutos que os dois homens levaram para murmurar desculpas e sair correndo pela porta da frente, Laura escapuliu para dentro da cozinha para tomar uma xícara de chá em relativa segurança.

– Leite, por favor, e três colheres de "azúcar" – disse uma voz atrás dela.

Laura, que estava concentrada em olhar para a caixa de biscoitos, ergueu a cabeça e viu a mulher-gato encostada na geladeira.

*Não precisa dizer por favor*, pensou ela, pegando outra xícara. Amanhã ela estabeleceria melhor as regras de convivência.

– Meu nome é Laura.

– Irina – grunhiu a menina.

– Você é, tipo, da Rússia?

A menina deu de ombros com indiferença.

– Deixa quieto.

*Deixa quieto você, sua chata.*

Foi então que Laura examinou bem a menina e sentiu como se a cozinha houvesse subitamente ficado sem ar. Candy podia ser muito dramática, mas Irina tinha bem mais presença. Ela era a pessoa mais estranha que Laura já vira na vida real. Mas era mais do que bizarra; havia algo de surreal em seus traços. Olhos alongados de um extraordinário cinza prateado, maçãs do rosto bem marcadas e uma boca enorme que pendia, como se mantê-la erguida fosse esforço demais. A pele de Irina era um pouco amarelada e coberta por enormes pintas. E, apesar de seu cabelo estar preso com um elástico vagabundo, isso só fazia com que os ângulos de seu rosto ficassem ainda mais salientados. Ela parecia ter acabado de aterrissar no planeta, vinda de um sistema solar distante. E não importava que estivesse usando um macacão lilás velho ou que estivesse encarando Laura com um ar furioso; mesmo assim, tinha um *look* que qualquer câmera ia adorar. Mas não era exatamente *bonita.*

Laura não conseguiu pensar em nada para dizer a Irina e, por isso, simplesmente ligou o piloto automático e colocou os saquinhos de chá na água fervendo e leite e açúcar nas duas xícaras. Ela não sabia do que Irina estava rindo, pois ela vestia a roupa mais cafona que Laura já vira.

Laura entregou-lhe uma das xícaras e ofereceu a caixa de biscoitos.

– Quer?

Irina inclinou-se para a frente e pegou três (três!) dos biscoitos maravilhosamente calóricos de Laura.

– *Spasibo* – murmurou ela, com a boca cheia de biscoito. – Estava morrendo de fome.

– Isso é chá? Meu Deus, como você é britânica – anunciou Candy, passando por Irina e estremecendo ao tocá-la. – Dá para fazer uma xícara para mim?

Laura suspirou e pegou mais uma xícara no armário. *Muito bem, Laura. Você vai ficar conhecida como a menina boazinha que ganhou a simpatia de todos com sua disposição para fazer chá para suas colegas de apartamento.*

– Qual é o seu nome? – perguntou Candy de forma beligerante a Irina, que apenas deu de ombros e continuou a enfiar biscoitos na boca.

– Irina, Candy. Candy, Irina. – Laura apresentou as duas. – A Candy é...

– Você apareceu "no televison" – disse Irina e então fez um gesto indicando Laura. – Você também. Que esquisito.

E com esse comentário incisivo ela deslizou para fora da cozinha, deixando Laura e Candy se encarando, atônitas.

– Ela acha *a gente* esquisita? – perguntou Candy, sem conseguir acreditar.

– Bom, acho que talvez pareça que a gente está na Casa dos Artistas. Não que eu seja famosa, nem nada, mas já apareci mesmo na televisão...

Laura achou melhor parar de falar, pois não queria levar outra bronca por causa de docudramas baseados em realidade e sei lá mais o quê. Candy sorriu. Ela não fazia isso com frequência, mas deveria; ficava com uma aparência bem menos assustadora.

– Você estava ótima naquele programa. Conseguiu não se deixar intimidar por aquelas horrorosas. Eu e minha mãe gravamos o episódio em que você falava aquelas coisas para o nojento do Noel e vimos seu discurso um milhão de vezes. – Candy fez uma pose e imitou Laura furiosa com os braços cruzados. – "Você é um homem muito grosseiro, e sei que seu trabalho é nos criticar, mas..."

– "...não entendo por que precisa destruir completamente nossa autoestima. Isso não serve para nada e só faz você ficar com fama de idiota".

Laura já sabia o discurso de cor. Ele saíra em vários jornais. Algumas pessoas (na maioria homens gays) até a haviam parado na rua para repetir as palavras para ela.

– Bom, ele era mesmo muito grosso – murmurou Laura, com raiva. – E eu precisava aguentar o que ele dizia todas as semanas. E sabia que minhas fotos estavam boas, mas ele só dizia que beleza não era tudo.

– Mas você acabou se dando bem. E olha que eu sei do que estou falando, pois foram meus ataques que me fizeram chegar até aqui. – Candy estremeceu de forma dramática enquanto ela e Laura voltavam para a sala de estar. – Bom, não estou querendo dizer literalmente, lógico.

Laura parou um segundo para pensar no fato de que estava conversando com Candy Careless. Quem sabe elas não iam se tornar as melhores amigas? Aí Candy poderia convidá-la para o apartamento de sua família no West Village para que Laura pudesse aparecer no programa também. O pai de Candy iria dizer coisas incoerentes sobre os cachorros que estavam fazendo cocô nos tapetes. E ela iria às boates da moda com Candy e seu irmão adotivo, que só aparecia de vez em quando, e...

– Bom, acho melhor eu ir desfazer minhas malas. Ai, como eu queria que a Conceptua estivesse aqui.

Com isso, a nova melhor amiga de Laura desapareceu no segundo maior quarto do apartamento, sem pedir que ela a acompanhasse. Era completamente impossível que sua nova melhor amiga fosse Irina e, por isso, Laura decidiu ir para seu próprio quarto, emburrada.

Na casa onde ela ficara enquanto participava do *Quero ser modelo* havia sempre alguém com quem conversar. Além do mais, os produtores inventavam ocasiões especiais, como mandar cabeleireiros e maquiadores para a casa, para poder ter o que filmar além de horas e mais horas de meninas sentadas nos sofás olhando para as pontas duplas de seus cabelos.

Depois de ficar olhando para suas pontas duplas, Laura decidiu colocar fotos no mural de cortiça que obrigara seu pai a pregar antes de ir embora. Com cuidadosa precisão, ela organizou as fotos que havia tirado em sua festa de despedida. Havia uma dela com Jen, Chandra e Cath, sendo que as três estavam espichando o pescoço enquanto Laura tivera de se abaixar um pouco para caber no mesmo enquadramento. Havia uma seção inteira só para seu gato, Coronel Meowington, que incluía uma foto dele bocejando, cheio de dentes e bigodes. E, claro, havia um cantinho especial para Tom. Havia as fotos 3x4 que eles dois tinham tirado no dia em que foram até a cidade de Blackpool. E a foto deles na festa de dezoito anos de Tom, logo depois de Laura ganhar o *Quero ser modelo*. Tinha até algumas fotos de Tom jogando futebol, que estavam ali só para que Laura pudesse admirar o drible dele e que não tinham nada a ver com o fato de que seu namorado ficava lindo de shortinho.

A única coisa que Laura lamentava era que Tom não podia acompanhá-la em sua jornada rumo ao estrelato. Ela arquitetara cuidadosamente uma maneira de convencê-lo a fazer faculdade em Londres, para que eles pudessem ficar na mesma cidade. Mas Tom queria ir para Oxford ou Cambridge, e nem todos os argumentos, beicinhos e até mesmo lágrimas dela haviam sido suficientes para fazê-lo mudar de ideia.

– Isso não funciona comigo, Laura – tinha dito ele na noite anterior, quando a estava ajudando a fazer as malas e ela decidira que seria um bom momento para tentar mais uma vez. – Sou imune a esse choro. Vai ser Oxford ou Cambridge, mais nada. Acabou.

E ele era mesmo. Imune. Na maioria das vezes, essa habilidade que Tom tinha de não se deixar abalar pela presença dela como todos os outros meninos era uma coisa boa. Mas, naquele momento, a deixara furiosa. Especialmente porque eles tinham acabado de passar uma hora rolando no chão do quarto de Laura e batendo com os braços e pernas nas malas abertas. Os beijos de Laura em geral faziam com que Tom prometesse um monte de coisas, e ele só tentava voltar atrás quando o sangue circulava de novo para a parte superior de seu corpo.

– Queria que você não fosse embora – sussurrara Tom quando eles finalmente se largaram, fazendo um carinho no rosto dela. – O que vou fazer sem você?

– Você vai se ocupar com alguma coisa. Mas não vai nem olhar para outra menina – respondera Laura, sentando-se e cutucando uma das malas com o pé. – Sabe, é tão esquisito ver um sonho meu virar realidade. Não deveria ser assim tão fácil. Bom, tudo bem, eu tive de passar doze semanas com aquelas vacas na casa do programa, ouvindo todas reclamando de como seus poros eram enormes, e dizendo "Ai, meu Deus, eu toquei numa barra de chocolate" ou "Pensando bem, você fica muito feia nessa luz, Laura".

Ao terminar a maior frase de todos os tempos, Laura fez uma careta, pois Tom estava rindo dela. De novo. Ele fazia isso sempre. Era parte do charme dele, junto com aqueles enormes olhos castanhos e cabelos negros lisos, que Laura gostaria que ele não tivesse raspado. Mas Tom só fazia o que queria, apesar de demorar cinco segundos a mais do que o resto do mundo para tomar suas decisões.

Por isso Laura se contentara em franzir o nariz, fazendo com que suas pintinhas mudassem de lugar.

– Não fique rindo de mim, engraçadinho. Vai me fazer ficar com rugas. E olha que eu ganhei o *Quero ser modelo* em parte por causa da minha pele perfeita.

– E aquele ataquezinho de nervos extremamente articulado que você teve no horário nobre talvez tenha ajudado um pouco. – Tom deitou de volta no tapete de Laura e estremeceu ao bater com o cotovelo numa maleta. – Beleza e inteligência. Acho que é uma combinação fatal, senhorita Parker.

– Não foi por isso que eu ganhei! Pô, por que todo mundo fica falando isso? – protestou Laura.

Mas, por mais que ela adorasse discutir bobagens com o namorado, sabia que os dois estavam apenas tentando adiar o inevitável.

– Nunca vou terminar de arrumar essas malas se você continuar deitando em cima delas desse jeitinho.

Eles levaram mais uma hora para terminar de arrumar tudo e mais dez minutos para convencer o Coronel Meowington a sair do meio dos suéteres de Laura para que pudessem fechar a mala. Mas a despedida final na porta da casa dela havia sido tão terrível quanto Laura esperara.

Ela estava com tanta vontade de ir para Londres que mal podia se conter. Mas tinha começado a chorar ao se despedir de Tom e ele precisara afastar os dedos dela, que estavam apertando-lhe o pescoço.

– Calma, meu amor – sussurrara ele, dando-lhe um último beijo na bochecha e saindo dali antes que Laura o agarrasse de novo. – Vou ligar para você toda noite. E nada de se engraçar com aqueles garotos modelos!

Tom dissera essa última frase olhando por cima do ombro e então desapareceu.

Já eram 5h45, o que tecnicamente poderia ser chamado de noite, e Tom deveria ter chegado do jogo de futebol. Além disso, haviam se passado quase dezenove horas desde a despedida, e Laura já estava começando a sentir a síndrome de abstinência. Ela agarrou o telefone.

– Odeio tudo aqui! – gemeu Laura antes que Tom pudesse dizer alô. – Vou morrer de tédio, e você nunca vai acreditar quem é que...

– Laura? Oi, posso ligar para você mais tarde? Estou fazendo uma redação para a aula de história e não quero me desconcentrar. Amo você, beijo!

Tom obviamente não a amava se considerava a redação para a aula de história mais importante do que ela. Laura estava mandando uma mensagem de texto para dizer isso a ele quando ouviu batidas na porta, seguidas por gritinhos estridentes.

Talvez alguém houvesse entregado uma cesta cheia de gatinhos no apartamento.

Não havia nenhum filhote de gato na sala de estar, só uma menina loura, bem alta e magra, que estava abraçando Candy e soltando exclamações.

– Ai, meu Deus, estou tão animada! – anunciou ela com uma voz de menininha que logo irritou Laura. – Quando eu ia imaginar?

Candy estava fazendo uma cara que mostrava que ela, certamente, não havia imaginado aquilo.

– Had... é tão bom ver você... será que dá para me largar? – pediu Candy.

Os enormes braços da menina se desembaraçaram dos de Candy lentamente, como se ela fosse uma escultura de arte moderna ganhando vida. Laura percebeu que sua mais nova colega de apartamento tinha uma beleza-padrão, sem nada de exótico, e os olhos mais sem expressão que ela já tinha visto na vida. E olha que ela morara com onze candidatas a modelo.

– Oi – disse a menina loura timidamente, e seus olhos passaram a mostrar uma certa... *ansiedade.*

– Meu nome é Laura.

Laura decidiu apertar a mão da menina, embora seus dedos fossem tão frágeis que ela temeu pulverizá-los se os apertasse com força demais.

– Então... quer dizer que você também é uma nova modelo?

A menina arrancou sua mão da de Laura subitamente.

– Eu não sou só uma modelo – respondeu ela, irritada. – Sou atriz, cantora e trabalho com diversas instituições beneficentes. Tenho muitas funções no mundo do entretenimento.

– Hadley, querida, ninguém lembra quem você é aqui na Inglaterra – suspirou Candy, dando a Laura a impressão de que quem conversava com Hadley tendia a suspirar muito sempre. – Achei que era por isso mesmo que você tinha vindo reiniciar sua carreira aqui em Londres.

– Ei, minha carreira não precisa ser reiniciada! – Hadley voltou-se para Candy para que ela pudesse ver bem sua expressão de indignação e a unha perfeitamente feita do dedo em riste. – Eu tive de ir embora de Los Angeles porque, tipo, a imprensa não me deixa em paz. O meu programa teve a maior audiência durante três anos seguidos e eu fiz um filme que ficou em quinto lugar na lista dos mais assistidos de 2010...

– Vou colocar a chaleira no fogo – anunciou Laura, vendo que Hadley estava à beira da histeria.

Foi só então que ela olhou para Hadley com bastante atenção. Debaixo daquele bronzeamento artificial e – será que ela tinha colocado Botox nos lábios? –, havia algo de familiar que a remetia a uma garotinha de bochechas rechonchudas, maria-chiquinha e língua presa.

– Ai, você fazia *A Casa da Hadley*? Eu amava esse programa quando era criança!

Candy fez um gesto de desespero.

– Assim você vai piorar ainda mais a situação!

– Fazia sim! Eu sou a Hadley!

Agora foi a vez de Laura ser rodeada por dois braços magrelos e por uma nuvem do perfume Sweet Dreams, da Anna Sui.

– Que legal que você é minha fã! – declarou Hadley.

Laura ia argumentar que "fã" era um termo um pouco exagerado, mas, antes que pudesse dizer qualquer coisa, Hadley afastou-se dela e segurou seus ombros com uma força inesperada.

– Mas, sabe, Lauren... – continuou ela.

– Laura.

– Eu sou uma pessoa como outra qualquer. Como você. Bom, mais ou menos como você. E, para mim, é muito importante que o lugar onde eu moro seja, tipo, uma zona de conforto. Não posso ficar num espaço que tenha negatividade.

– Bom, vou tentar – prometeu Laura, sem entender direito. – Quer dizer, vou tentar não trazer nenhuma negatividade.

Hadley ajeitou os óculos escuros, que estavam escorregando pelo nariz.

– Estou aqui incógnita, então por favor não revele minha presença para ninguém. Você sabe como é, os paparazzi.... – explicou Hadley.

– Mas para quem eu revelaria sua presença?

Candy deu um tapinha no ombro de Laura.

– Ela não vai contar para ninguém, Had. Que tal irmos arrumar suas malas? Ei, sabia que eu encontrei a Kimberly e a Kelly antes de ir embora? Elas disseram...

Laura imaginou que não ir atrás delas seria uma sábia decisão, principalmente quando ouviu Hadley gritar, angustiada:

– Como assim, só tem um banheiro?!

# Capítulo dois

Aquele seria seu primeiro dia oficial como modelo. Laura se espreguiçou bastante e quase caiu da cama estreita, que deu um estalo assustador quando ela se levantou, tentando se situar. O quarto era menor do que ela se lembrava. Laura tinha passado a noite toda ali dentro, saindo apenas para pegar mais biscoitos, fazer mais chá ou ir ao banheiro. Ela havia conversado com Tom, explicado o que acontecia com meninos que desligavam na cara das namoradas e permitido que ele implorasse por seu perdão. Depois, tinha ido dormir bem cedo.

Dez horas de sono – interrompidas apenas pelos vizinhos do andar de cima, que tinham decidido mudar os móveis de lugar às três da manhã – eram o segredo para ficar com uma aparência linda e fresca. Pelo menos, era essa a impressão que Laura queria dar ao seu *booker*.

Ela saiu da cama e foi se olhar no espelho. Era tão legal saber que isso não significava mais que Laura fosse vaidosa. Não, ela só estava avaliando o material. E o material era bom demais. Laura sempre ficava reconfortada quando se via no espelho. Todos os seus traços se encaixavam bem uns nos outros, formando um conjunto em perfeita harmonia. Seus olhos verdes estavam cintilando, embora suas pálpebras ainda indicassem que ela havia acabado de acordar; sua pele se recuperara de um de seus periódicos ataques de espinhas. Os juízes do *Quero ser modelo* tinham sugerido que Laura perdesse um pouco de peso, mas era ela quem entendia melhor sua aparência. E seu *booker* teria de confiar nela.

Era hora de tomar um banho e tentar domar o cabelo. Laura até começou a assobiar uma musiquinha animada a caminho do banheiro. Mas ela nem precisou tentar abrir a porta pois, claramente, ele estava ocupado: a água escorria aos borbotões do chuveiro e alguém cantava aos berros uma música da Kelly Clarkson. Por eliminação, só podia ser Hadley; Irina e Candy não tinham cara de que gostavam de *American Idol*.

Laura esperou dez minutos e então deu algumas batidinhas na porta. Mais dez minutos e ela já estava tentando arrancá-la das dobradiças com o poder de seus punhos.

– O que você está fazendo aí dentro?! – gritou Laura para Hadley.

O chuveiro foi fechado e Laura deu um suspiro de alívio. Mas a sensação não durou muito, pois Hadley abriu a porta e Laura viu que ela estava enrolada numa toalha e coberta por uma meleca verde.

– Estou esfoliando minha pele – explicou Hadley. – Depois, ainda vou me depilar e passar hidratante.

Ela fechou a porta na cara da furiosa Laura.

Laura jamais imaginara que começaria aquele dia tão especial lavando-se na pia da cozinha. Ela teve de passar uma flanela úmida pelo corpo com movimentos frenéticos ao mesmo tempo em que bebia uma xícara de café. Tudo isso de pijama. Aquela operação delicada ficou ainda mais complicada devido à presença de Irina, que passou indiferentemente por Laura para encher a chaleira de água.

Laura só teve tempo de colocar sua calça preta nova e uma camiseta de renda branca e de pegar seu mapa de Londres. Por um milagre, ela só estava quinze minutos atrasada (mas com o rosto vermelho de exaustão) quando encontrou a sede da Agência de Modelos Fierce numa ruazinha do Soho.

Laura respirou fundo para se acalmar antes de entrar no elevador. Ela não estava nervosa. Não muito. Ia ser moleza. Eles é que haviam tirado a sorte grande, não ela. Se Laura não tivesse ganhado o *Quero ser modelo*, mais cedo ou mais tarde, provavelmente mais cedo, ela teria sido achada pelo olheiro de outra agência. Então por que ela estava tremendo ao tocar a maçaneta da porta que tinha "Agência Fierce" escrito em letras cursivas cor-de-rosa?

A Fierce ficava numa enorme sala toda branca, que devia ser o motivo pelo qual Deus inventara a água sanitária. Aqui e ali, um sofá rosa quebrava um pouco o vasto minimalismo. A decoração não era muito assustadora, mas os funcionários do lugar, sim. Com exceção de uma criatura maluca que estava com um vestido de tafetá, todos vestiam-se daquela maneira cuidadosamente despojada que Laura passara a conhecer muito bem depois de doze semanas tirando fotos para o *Quero ser modelo*. Fossem homens ou mulheres, todos estavam com uma espécie de uniforme andrógino composto por calça jeans *skinny*, camiseta desbotada com logomarcas antigas e tênis velhos. E todos tinham um *headset* na cabeça e estavam rosnando para seus interlocutores do outro lado da linha.

– A Ludmilla não tira mais foto de maiô. Pelo menos, não por esse preço...

– Você quer a Clara B ou a Clara D? Ou será que é a Kara P?

– Olha, essa coleção está bem mais crua do que a última dele. É uma coisa meio urbana, meio fantástica. Tipo *Memórias de uma gueixa* misturado com Arctic Monkeys, entendeu?

Laura colocou seu book entre as pernas para tentar achar na bolsa o e-mail que tinha recebido de uma pessoa chamada...

– Oi, eu sou a Heidi – apresentou-se uma voz entediada atrás dela.

Laura se virou e seu book caiu no chão com um estalo. Ela correu para apanhá-lo e acabou derrubando a bolsa também, cujo conteúdo se esparramou aos pés de Heidi.

Em geral, agachar-se no chão para catar absorventes e canetas esferográficas sem tampa não é a melhor maneira de passar uma boa impressão. O único pedaço de Heidi que Laura vira até ali era seu par de tênis japoneses, que estavam batendo impacientemente no chão. Mau sinal.

Outro mau sinal foi a cara de nojo que Heidi estava fazendo para Laura quando ela finalmente se endireitou e estendeu-lhe a mão suja de tinta de caneta.

– Oi, eu sou a Laura.

Heidi esticou de leve os músculos da face, mostrando uma espécie de sorriso.

– Eu sei – disse ela.

Heidi era uma daquelas meninas pequenininhas que Laura tinha visto passando as roupas que iam ser usadas, ajudando os fotógrafos ou lidando com a imprensa sempre que participava de uma sessão de fotos. Devia haver uma fábrica de garotas assim em algum lugar de Nova York, pois elas eram todas parecidas. Seu cabelo era castanho, muito liso e cortado de um jeito complicado e todo repicado, e ela usava um colete amarelo vivo e um par de jeans tão puído que só podia ter sido comprado numa loja muita cara.

A combinação de calças negras apertadas com camisetinha de renda branca que Laura estava vestindo talvez pudesse passar por fashion em Manchester, mas, em Londres, obviamente não era o caso. Não, o que aquela roupa dizia era: "Eu aceito dicas de moda da minha mãe". Principalmente se quem a estava avaliando era uma menina *ultracool* que fazia parte do mundinho.

Laura esperou que Heidi a levasse até uma sala exclusiva onde elas iam conversar, planejar sua carreira toda e virar melhores amigas. Mas ela meramente apontou para um dos sofás cor-de-rosa.

– O metrô daqui é muito estranho – começou Laura, por não saber o que dizer. – Tipo, você acha que ele vai andar em linha reta, mas ele faz um monte de desvios e quando uma plaquinha acende você fica sem noção de onde...

– É, superestranho – concordou Heidi, com absoluta indiferença. – Seu book, por favor.

Heidi avaliou todas as fotos que Laura havia tirado no *Quero ser modelo* com cara de quem já tinha feito aquilo mil vezes.

– Bom, acho que dá para usar umas três fotos daqui – foi a conclusão dela.

Laura ainda estava se recuperando do choque que havia sentido ao ouvir aquela frase quando percebeu que era analisada com uma minúcia irritante.

– Pelo menos, a sua pele é boa. Seus olhos são incríveis, mas você precisa cortar o cabelo, pois ele faz seu rosto parecer sombrio. E não dá para ir ver clientes usando essa roupa.

– Mas a Daisy e o Magnus... esse é o diretor de criação do *Quero ser modelo*... disseram que a gente deveria usar uma roupa básica, para que as pessoas possam nos ver – explicou Laura com certo mau humor, pensando que talvez Heidi estivesse confundindo-a com outra menina, pois não a estava tratando como a estrela que ela era. – Eles explicaram que devemos ser telas em branco.

Heidi fez uma leve careta.

– Aquilo era um programa de televisão, Laura. Metade das coisas que eles disseram para você não são postas em prática desde 1997. Se você quiser trabalhar com moda, então precisa se vestir como se gostasse de moda.

– Mas eu gosto. Quer dizer, em geral não uso esse tipo de roupa.

Heidi deu um tapinha de consolação no braço de Laura e então tirou sua mão dali bem rápido, como se não quisesse ser contaminada pela falta de noção dela.

– Olha, não tem como dizer isso de um jeito simpático e por isso eu vou falar logo – anunciou Heidi.

Quando Laura estava quase desmaiando de pânico, Heidi cumpriu a promessa.

– Você precisa perder pelo menos dez quilos. Sei que sua aparência conquistou a audiência do programa, mas, no mundo real, ela vai atrapalhar você.

– Dez quilos?! – repetiu Laura, olhando para suas coxas, que pareciam ter ficado do tamanho das de um elefante nos últimos cinco segundos.

– No mínimo, nove – confirmou Heidi. – As roupas que os estilistas vão lhe dar para experimentar são tamanho 36, às vezes 34, e você sabe tão bem quanto eu que uma câmera faz a gente engordar cinco quilos. Você tem o rosto muito cheio e eu preciso de maçãs do rosto bem saliente. Estou dizendo isso para o seu próprio bem.

Mas não parecia ser para o bem de Laura; parecia ser porque Heidi tinha um prazer sádico em fazer aquilo, pois ficava passando as mãos pelo próprio corpo, que com certeza era tamanho 36.

– É que eu tenho os ossos grandes – Laura tentou fazer uma piadinha.

Mas Heidi não deu nenhum sorriso; ao contrário, observou a barriga dela como se fosse a coisa mais horrorosa que já tivesse visto. Mas Laura não era gorda. Seu corpo tinha curvas. Poucas curvas. Pouquíssimas curvas.

– Você está acima do peso – retrucou Heidi, levantando, indo até uma escrivaninha que havia ali por perto e pegando alguns papéis. – Mas isso não significa que deve parar de comer. O que precisa fazer é beber pelo menos dois litros de água por dia, tentar cortar o açúcar e comer muitas frutas e vegetais. E não coma carboidratos depois das seis da tarde. Ou melhor, das quatro da tarde. Matriculei você numa academia. Faça bastante exercícios aeróbicos, porque é isso que queima gorduras, e faça musculação para ficar mais rígida. Repetições frequentes e de alto impacto.

Heidi parecia ser de outra galáxia. Laura não estava entendendo nada do que ela dizia, mas já tinha sacado qual era a de Heidi: humilhar a novata para que ela soubesse quem mandava ali. Poderia até ter dado certo, se não fosse pelo fato de que Laura tinha muito mais experiência do que a maioria das novatas.

– Quantos trabalhos eu já tenho?

– Nada ainda. Bom, tem aquela foto para a revista *Skirt* e a campanha da Sparkle que você ganhou no programa. As duas coisas estão marcadas para o final da semana que vem e eu quero que você perca pelo menos dois quilos e meio até lá.

– Dois quilos e meio em dez dias?!

– Onze dias. Vai dar tudo certo.

Aquilo era pior do que um pesadelo que Laura tivera, no qual aparecia em seu primeiro trabalho usando só um par de asas de plástico de uma fantasia de fadinha.

– Quando a Ludmilla começou a trabalhar com a gente, tinha três dentes podres e um cabelo de maluca. Podia ser pior, Laura – disse Heidi com toda a simpatia que possuía, e que não era muita.

Heidi então começou a procurar em seu computador por uma academia e um cabeleireiro que pudessem dar um jeito naquela tragédia. Quando Laura se sentia mal daquele jeito, a única coisa que levantava seu ânimo era comer um chocolate. Mas aquilo não era mais uma opção. Talvez ela conseguisse virar uma daquelas pessoas viciadas em exercício.

– Bom, acho melhor eu ir para a academia, então – murmurou Laura, enquanto Heidi lhe entregava um papelzinho com dois telefones anotados.

– Isso aí – disse Heidi com seu quase sorriso. – Nós temos uma conta nessa academia. É só dar seu nome e seu número aqui na agência que eu desconto a mensalidade do seu pagamento.

Do jeito que a coisa estava indo, Laura ia ter de arrumar um emprego no McDonald's para pagar o aluguel.

– Tudo bem – concordou ela, resignada.

– Lembre-se de que você precisa fazer exercícios aeróbicos de alto impacto. Peça para cortar o cabelo com o Giuseppe quando chegar no salão e diga que é para ele me ligar antes de encostar na tesoura – comandou Heidi, já empurrando Laura com suas mãos ossudas porta afora. – Vejo você aqui na semana que vem, com menos dois quilos e meio, tá?

Antes que Laura pudesse dizer qualquer coisa, Heidi já colocara seu *headset* e estava tagarelando com alguém em alemão. Vaca pretensiosa.

Laura se olhou no espelho enquanto dois cabeleireiros levantavam pedaços molhados de seu cabelo, examinando-os com grande curiosidade. Giuseppe, que tinha uma barbicha e não parecia falar nem uma palavra de inglês, estava conversando com Heidi e segurando um enorme par de tesouras.

– Não quero que ele fique muito curto – pediu Laura. – Que tal na altura do ombro?

– Vamos fazer luzes num tom não muito aberto, para dar mais brilho ao cabelo – anunciou uma das assistentes, traduzindo o italiano de Giuseppe. – E queremos fazer um corte estilo anos 1960. O corte da Edie Sedgwick está muito na moda, e a Heidi falou que você vai ficar mais magra, então...

A menina, que tinha muito tato, decidiu não terminar a frase.

– Pois é, pretendo. – Laura tentou dar um sorriso e esperou que a menina fosse afirmar que ela não precisava perder nem um grama sequer.

– Sabe, minha mãe perdeu quase quinze quilos fazendo a dieta do dr. Atkins. Carboidrato é um porre, mesmo – disse a menina enfaticamente, só faltando chamar Laura de gorda na cara dela.

Não era à toa que as bochechas de Laura, que pelo jeito também eram gordas demais, estivessem vermelho-sangue quando Giuseppe começou a trabalhar. Enormes pedaços de cabelo começaram a cair ao chão, sendo imediatamente varridos como se nada pudesse dar um aspecto desarrumado ao salão.

Giuseppe virou a cadeira de Laura para longe do espelho, para que ela não pudesse ver o massacre que estava sendo feito em seu cabelo. Ela ficou folheando edições antigas da *Vogue* e da *W* e observando fotos de modelos da Amazônia cujos braços pareciam bambus de tão magros e cujas maçãs do rosto poderiam ser vistas da Lua.

Laura ainda teve de esperar séculos com papel laminado preso às suas madeixas, sentindo-se asfixiar com o cheiro do descolorante, que, supostamente, era orgânico, mas cheirava como se estivesse em avançado estágio de decomposição. Finalmente, Giuseppe veio supervisionar enquanto dois de seus assistentes secavam o cabelo de Laura, que já estava quase morrendo de ansiedade. Ela ainda não podia ver nada, mas podia sentir, e quando tocou seu cabelo, percebeu que não restara grande coisa dele.

– Ai! – gemeu Laura, pois Giuseppe dera um tapa em sua mão.

– Não mexa – disse ele, com o que pareceu a Laura ser um sotaque da cidade de Birmingham, o que mostrava que era um italiano de araque. – Seu cabelo pertence a mim nesse momento.

Eles mexeram e remexeram milhares de vezes antes de solenemente virarem a cadeira de Laura de frente para o espelho. Os olhos de Laura estavam bem fechados e o chá de frutas cítricas que ela havia tomado parecia estar voltando para sua garganta.

Devagar, ela abriu o olho direito, depois o esquerdo. Seu cabelo sumira! Sumira totalmente. Desaparecera – e em seu lugar surgira um belo capacete que misturava castanho-escuro, castanho-claro, louro, prata e todas as cores do arco-íris, com uma franjinha bem cheia que terminava milhas e milhas acima de suas sobrancelhas. Era um corte lindo e muito na moda, mas não combinava nada com Laura. Ele deixava seu rosto parecendo uma bola enorme, daquelas coloridas de praia. Ao vê-lo, Laura suspirou fundo e caiu em prantos.

# Capítulo três

O pessoal do salão expulsou-a dali com tanta pressa que os pés de Laura mal tocaram o chão. Afinal, adolescentes com bochechas gorduchas chorando sem parar poderiam espantar os clientes importantes. Laura ainda estava chorando quando entrou no ônibus que ia para Camden, para horror da mulher na sua frente, que foi se sentar num banco mais afastado.

Pelo menos, ela perdera o medo das outras meninas do apartamento. Laura não parou para se perguntar se elas estavam em casa. Ela bateu na porta da frente com tanta força que o lugar inteiro chacoalhou, entrou correndo no banheiro e arrancou Hadley da frente do espelho, levando-a até o corredor para que pudesse se trancar ali e chorar até suas lágrimas secarem.

– Ela ficou maluca! – gritou Hadley o mais alto que pôde. – Eu avisei que não queria dividir o apartamento com nenhuma menina doida!

Foi preciso algum esforço, mas Laura conseguiu ficar de joelhos e se arrastar até a banheira para abrir as torneiras e molhar o cabelo. Quando a gente está com um corte de cabelo horrível, a regra diz que precisamos encharcá-lo para deixá-lo um milhão de vezes pior. Às vezes, Laura era ridiculamente previsível.

Apesar do barulho de água corrente e do som de seus soluços, Laura ouviu alguém batendo na porta do banheiro.

– Vá embora! – gritou ela. – Me deixe em paz!

Se desse para perder peso chorando, então Laura já devia estar pelo menos dois quilos mais magra. E olha que as lágrimas não paravam de jorrar. Alguém bateu na porta mais uma vez.

– Ei, é... olha, eu esqueci seu nome – disse Candy do outro lado, deixando Laura ainda mais arrasada. – Had, qual o nome dela?

– Vá embora – gemeu Laura. – Eu quero ficar sozinha.

– Laura? Seu nome é Laura, não é? Por que você não me deixa entrar? – pediu Candy, mexendo na maçaneta da porta. – O que aconteceu?

Laura não teve forças para pensar numa resposta capaz de explicar o horror abjeto que era aquele corte de cabelo, e por isso simplesmente tapou os ouvidos e chorou mais um pouco.

– Você não vai poder ficar aí muito mais tempo – insistiu Candy. – A gente vai querer ir ao banheiro, e a Hadley está com uma máscara facial que está começando a fazer a pele dela coçar.

– Se acontecer alguma coisa com a minha pele, eu processo você! – ameaçou Hadley.

Laura não achou que Hadley fosse conseguir convencer um juiz a processá-la, mas não quis correr o risco. E, de qualquer forma, sua camiseta estava encharcada e ela precisava trocar de roupa.

– Tudo bem, eu vou sair – anunciou ela com a voz trêmula. – Mas todo mundo tem de prometer que vai virar de costas e fechar os olhos.

– Vamos nos afastar da porta – prometeu Candy suavemente, como se Laura fosse um animal selvagem que atacaria se ouvisse um barulho súbito. – E vamos fechar os olhos.

Laura, num momento de inspiração, enrolou uma toalha na cabeça antes de tirar o trinco da porta do banheiro e abri-la. Ela deu de cara com Candy e Hadley, ambas de olhos arregalados.

– Aaaaaahhhhhhh! – gritou Laura.

A única saída possível era se trancar de novo no banheiro. Mas Candy agarrou-a com toda a força e arrastou-a até seu quarto, onde havia montanhas e mais montanhas de tecido e uma enorme mesa com uma máquina de costura em cima.

– Vocês mentiram! – acusou Laura, indignada.

– Ah, sai dessa, garota – ordenou Candy, fazendo Laura se sentar em sua cama. – Ser modelo é estar sempre sendo avaliada, melhor se acostumar. E tire essa toalha da cabeça.

Laura agarrou a toalha com as duas mãos e fez um biquinho.

– Só quando vocês saírem – rosnou ela, vendo que Irina havia entrado no quarto e estava agachada a seus pés.

– O que está rolando? – quis saber Irina, fazendo a frase soar engraçada por causa de seu sotaque russo.

– Não tem nada rolando – respondeu Laura friamente, sem a menor vontade de discutir o pior corte de cabelo da história.

– É óbvio que você odiou seu novo corte de cabelo – disse Candy. – Olha, todas nós já passamos por isso.

– Eu quero ver – murmurou Irina.

Laura reparou que Irina estava falando muito mais do que o normal, mas o que mais a deixou preocupada foi o movimento de suas mãos na direção da toalha.

– Se você encostar nessa toalha, vou arrancar seus dedos fora – ameaçou ela.

Irina se afastou. Ela podia ser de outro país, mas o olhar de ameaça que Laura lhe lançou teria sido compreendido em qualquer lugar do mundo.

– Tudo bem.

Laura ficou tão espantada ao ver a expressão de admiração no rosto de Irina que não percebeu quando Candy arrancou a toalha de sua cabeça e jogou-a do outro lado do quarto.

Laura começou a xingar com tanta virulência e originalidade que nem Candy poderia ter feito melhor – mas Candy não se abalou. Ela simplesmente agarrou as mãos de Laura, para que ela não pudesse colocá-las sobre a cabeça ou em volta de seu pescoço, e avaliou o corte.

– Bom, podia ser pior – concluiu Candy. – Mas acho que não combina muito com o formato do seu rosto.

– Ia ficar melhor em mim – decidiu Irina, com o sorriso presunçoso de uma menina que achava que qualquer coisa ficava melhor nela.

– É um desastre – declarou Laura, sem nenhum vestígio de raiva. – Eu estou horrível. Parece que meu rosto tem elefantíase.

– Eu nem sei o que é isso, mas seu rosto está desse jeito porque você está chorando há horas – disse Candy gentilmente. – O corte é bonito e a cor acentua o tom verde dos seus olhos. Bom, agora eles estão mais vermelhos do que verdes, mas...

Candy deu tapinhas amigáveis no braço de Laura, Irina fez cara de tédio e Hadley pareceu voltar ao planeta Terra.

– Ainda não entendi por que você está tão chateada – anunciou ela.

Laura adivinhou que Hadley tinha aquele ar distraído porque estava prestando atenção na imensa coleção de roupas de Candy.

– Ah, quer dizer que você... – disse Hadley.

– ...odiou o cabelo – interrompeu Irina, espreguiçando-se e mostrando sua barriga reta como uma parede. – Que tédio. Seu cabelo está horrível. E daí?

Como é que é? Laura ficou com tanta raiva que nem conseguiu responder. Aquela chata tinha passado as últimas vinte e quatro horas sendo antipática e falando monossílabos com um sotaque que provavelmente era falso. Ela devia ter nascido na Inglaterra mesmo e estava só fazendo tipo. Candy também estava sem palavras, mas provavelmente era devido ao espanto de ter conhecido alguém ainda mais grossa do que ela.

– A gente vai tomar aquele champanhe ou não vai? – perguntou Hadley, sem perceber a atmosfera de tensão que a rodeava.

Laura estava começando a sentir uma forte dor de cabeça.

– Do que ela está falando?

– Eu comprei algumas garrafas de champanhe para ver se a gente fazia uma festinha de boas-vindas para nós quatro – explicou Candy. – Foi por isso que eu quis tirar você do banheiro, estou tentando fazer a gente virar melhores amigas.

– Que ótimo – murmurou Laura, sem tentar parecer animada. – Não estou com vontade de beber champanhe. Só quero achar um chapéu e só tirá-lo quando meu cabelo crescer de novo.

Candy ficou irritada e Laura se perguntou nervosamente se ela ia dar um daqueles ataques que dava na televisão quando não conseguia o que queria. Mas ela parecia estar mais preocupada com Irina, que estava mexendo nos cremes e loções que havia em sua penteadeira.

– Você está querendo alguma coisa? – perguntou Candy friamente.

Irina se virou e jogou alguma coisa para Candy, que a pegou no ar com uma das mãos. Se Laura não estivesse tão chateada, teria ficado impressionada.

– *Serum reparador*. Mas só com isso não vai ter jeito – atestou Candy.

Ela se levantou e apontou para Hadley, que estava fazendo poses na frente do espelho.

– Hadley, me traz aquele seu secador enorme.

Hadley parou de admirar a maneira como sua saia deixava entrever suas belas coxas.

– Oi?

– Secador de cabelo. Uma coisa preta com um difusor preso na ponta. Ande logo! – ordenou Candy, que então se voltou para Laura. – Você senta na cadeira e não move um músculo. E você, mulher das cavernas, vai buscar o champanhe na geladeira.

– Não entendo – rosnou Irina com cara de poucos amigos.

Mas ela foi. Pelo jeito, champanhe em russo era "champanhe" mesmo.

– O que você vai fazer? – perguntou Laura, amedrontada. – Acho que meu cabelo já passou por traumas suficientes hoje.

Candy pegou uma enorme escova de cabelo e girou-a no ar.

– Olha, minha filha, eu passei minha infância inteira acompanhando minha mãe aos melhores cabeleireiros de Nova York. Ela é, tipo, a melhor amiga da Kate Moss. Eu sei exatamente como cuidar de um probleminha igual ao seu. Pode confiar em mim.

Laura não confiava em Candy, mas ficou quietinha enquanto ela secava e esticava-lhe o cabelo, tentando dar a ele uma aparência decente. Irina e Hadley ficaram só observando, como se Laura fosse um animal num zoológico.

– Pronto – declarou Candy finalmente, colocando duas presilhas cintilantes na franja de Laura. – Agora, sim.

Laura se olhou no espelho. Seu cabelo não estava tão diferente assim, mas Candy o deixara mais liso, menos armado e, o que era mais importante, um pouco mais longo. Ele estava mais perto de um corte *chanel*, o que ajudava a esconder o fato de que o rosto de Laura era um pouco gordinho.

– Valeu – agradeceu Laura, sem demonstrar um pingo de gratidão.

Ela se sentiu culpada e decidiu tentar de novo, com mais entusiasmo.

– Valeu mesmo, Candy. Obrigada.

– Não esquenta – disse Candy.

Ela fez um gesto de "deixa para lá" e então pareceu se dar conta de que estava sendo simpática demais.

– Ao contrário do que a maioria acredita, eu não sou um monstro. Só quando ligam as câmeras.

– Mais champanhe, *ja*? – disse Irina, esparramada no chão como uma estrela-do-mar.

# Capítulo quatro

Depois de pensar muito no assunto – quer dizer, depois de pensar no assunto durante dez minutos enquanto comia um saco de salgadinhos –, Laura decidiu que essa história de perder peso era um absurdo. O *look* anoréxico saíra de moda havia muito tempo.

Além do mais, Laura havia ligado para sua mãe e para Tom e nenhum dos dois achara que ela precisava perder nem um grama. Tom dissera:

– Você é perfeita, Laura. Não deixe essa gente tentar mudar seu corpo.

E também era óbvio que aquela tal de Heidi estava era morrendo de inveja por ser tampinha demais para trabalhar como modelo. Ela provavelmente tinha virado *booker* só para poder pertencer ao mundinho da moda. Mas Heidi ia ter de se tocar de que era ela quem trabalhava para Laura, e não o contrário.

Heidi estava se achando a onipotente, no momento. Ela não precisava dizer "Oi, tudo bem" ou fazer uma cara satisfeita ao ver sua nova modelo. De jeito nenhum. Isso ia fazer com que parecesse fraca. Na verdade, quando Laura apareceu na agência no dia em que ia fazer a foto para a Sparkle, Heidi não disse nada – simplesmente apontou para um objeto.

Um objeto que fez todos os pelinhos do braço de Laura se eriçarem.

– Suba logo – disse Heidi com impaciência. – O carro virá buscar a gente em cinco minutos.

– Você quer que eu suba numa balança? Aqui? Na frente de todo mundo? – perguntou Laura, incrédula. – Como no Vigilantes do Peso?

– Bom, se você tiver perdido peso como eu mandei, não vai ser problema nenhum.

Laura estava começando a odiar Heidi de verdade. Ela tirou o tênis para ficar mais leve, apesar de ter visto a expressão de desprezo no rosto de Heidi, subiu cuidadosamente naquele objeto do demônio e observou com o coração aos pulos enquanto os números da balança digital mudavam freneticamente.

A balança atingiu 66 quilos, depois foi para 65,5 quilos, 65 quilos e 64,5 quilos e então parou no 65. Laura se arriscou a soltar o ar que estava prendendo.

– Viu? Eu não preciso perder peso – disse ela num tom triunfal. – Esse é um peso totalmente normal para alguém da minha altura.

– Mas não é um peso normal para uma modelo. Você está com 65 quilos. Sessenta e cinco quilos!

Laura achou que não valeria a pena explicar que sua altura era 1,75 metro e que seus ossos pesavam bastante. No Planeta Moda, 65 quilos obviamente não eram um peso saudável para uma menina em fase de crescimento, até porque não dava para ver nenhuma de suas costelas por debaixo da pele.

– Todas as mulheres da minha família são curvilíneas – insistiu Laura. – Meu corpo é assim por predisposição genética.

– Quero ver suas maçãs do rosto. E quero ver você fazendo abdominais – murmurou Heidi com raiva, pegando o celular que estava tocando. – O carro chegou.

Apesar de Heidi ser uma espécie de buraco negro que sugava toda a alegria à sua volta, a sessão de fotos para a Sparkle foi moleza. Laura usou um vestido branco de bolinhas rosas e pretas que era lindo e lhe caiu maravilhosamente bem. A sombra azul-prateada que colocaram em seus olhos era sutil e combinava perfeitamente com o tom rosa suave que havia sido posto em seu rosto e nos lábios. E que ironia! Um dos cabeleireiros recebeu a ordem de procurar uma *peruca* igual ao cabelo original de Laura. Heidi fizera uma cara horrível durante os cinco minutos em que a crise durou e Laura achou que, se era boa o suficiente para esconder o sorrisinho vitorioso que queria dar, então seria capaz de fotografar bem sob quaisquer circunstâncias.

O único problema ocorreu quando os outros "modelos" apareceram. Laura ia ter de tirar as fotos com três filhotinhos de labrador que não paravam um minuto e que iam acabar roubando a cena se ela não trabalhasse direito.

Havia tantas coisas em que prestar atenção; levantar a cabeça, abaixar o queixo, parar de piscar os olhos, virar o corpo ligeiramente para a direita, relaxar as mãos para que não ficassem parecendo luvas de beisebol. E ainda por cima era preciso impedir que os cachorrinhos, que eram lindos, mas também muito chatos, lambessem toda a sua maquiagem. Mas ainda era melhor do que estar assistindo a aulas no colégio.

Tudo isso se desenrolou diante de um monte de gente. Quando William, o fotógrafo, terminava um rolo de filme, ele, Heidi e o pessoal da Sparkle se amontoavam na frente de um monitor de computador para ver as fotos, enquanto Laura tentava fugir dos filhotes, que queriam rasgar seu vestido.

Para o último rolo de filme, Laura teve de se deitar no chão enquanto os cachorrinhos brincavam ao seu redor e William tirava fotos de cima de uma escada. Laura foi obrigada a fazer beicinho e a arregalar tanto os olhos que não soube como eles não saltaram das órbitas.

– Isso, isso, agora relaxe um pouco seu lábio inferior – ordenou William. – E mova seu ombro esquerdo para baixo, isso, isso. Ei, atenção naquele lá, ele está tentando ir embora. Ótimo, perfeito, adorei... e pronto, acabamos!

Laura deu um suspiro e largou os filhotes, que foram direto para a mesa do bufê. Seu estômago estava rugindo, pois o frango agridoce que ela comera na noite anterior já era apenas uma lembrança longínqua. Laura seguiu o exemplo dos cachorrinhos e foi ver se sobrara alguma coisa. Mas, justamente quando ela estava raspando o fundo de uma tigela de salada de macarrão, Heidi surgiu ao seu lado como um espírito do mal.

– O que você está fazendo? – sibilou ela, apontando o prato com ar acusatório. – Vai comer isso?

– Não comi nada o dia todo! – protestou Laura. – É salada. É saudável.

– É carboidrato! – exclamou Heidi, como se carboidratos fossem a mesma coisa que crack. – A gente já conversou sobre isso.

– Você disse que eu não podia comer carboidrato depois das quatro, e ainda faltam cinco minutos para as quatro. Além do mais, eu não acho que preciso perder peso nenhum – respondeu Laura, irritada.

Mas essa talvez não fosse a melhor maneira de lidar com a mulher que supostamente iria cuidar de sua carreira de modelo. Laura estava com fome, o que a deixava rabugenta.

– Olha, eu também vou comer uma salada de folhas e uma maçã – continuou Laura, tentando apaziguar a Srta. Mau Humor.

– Faça o que você quiser – disse Heidi. – É a sua barriga que vai aumentar, não a minha.

– E você gostou das fotos? – Laura quis mudar de assunto e também receber alguns elogios, para variar.

Quem diria? Heidi deu um sorriso! Seus olhos continuaram frios, mas foi um sorriso, de qualquer jeito.

– Você foi bem – admitiu ela. – Um pouco inocente demais para o meu gosto, mas muito profissional. O pessoal da Sparkle ficou impressionado.

– E isso é bom, não é?

– É muito bom. Agora você só precisa se concentrar para a sessão da capa da *Skirt* na semana que vem. O fotógrafo é um pouco... difícil. – Heidi fez uma expressão pensativa. – Vai ser bom se você puder dar em cima dele um pouquinho. Ele é um tremendo pervertido.

Ninguém mencionara nada sobre fotógrafos pervertidos no *Quero ser modelo.*

– Tudo bem... – Laura hesitou. – Pervertido. Saquei.

– E só coma isso depois de trocar de roupa. Se cair alguma coisa nesse vestido, você vai ter que pagar por ele.

Depois de elogiá-la e incentivá-la dessa maneira fantástica, Heidi foi embora, deixando que Laura se virasse a fim de voltar para casa.

# Capítulo cinco

O estúdio onde ia ocorrer a sessão de fotos para a capa da *Skirt* ficava atrás da estação de metrô King's Cross. Laura conseguiu entrar sem problemas, apesar de não estar com Heidi, que tinha muitos encontros naquele dia, mas havia prometido passar lá mais tarde. Que maravilha. Laura aprendera que as pessoas que trabalhavam com moda não iam a reuniões; elas iam a encontros. Ela não sabia exatamente o que acontecia nesses míticos encontros, mas suspeitava que as pessoas só ficavam bebendo café e reclamando das últimas tendências.

Era isso que a maior parte das pessoas do estúdio estava fazendo. Laura viu um bando de gente com cabelo ensebado e cara de tédio usando jeans velhos e macacões horrorosos, sentados em sofás de couro marrom. Todo estúdio tinha esses sofás, assim como mesas de centro longas de vidro, cheias de revistas de moda japonesas. Provavelmente, todos compravam os móveis nas mesmas lojas.

– Oi, meu nome é Laura. Sou a ganhadora do *Quero ser modelo* e vou ser sua modelo hoje. Ela tentou soar animada, mas sua voz saiu como um guincho estrangulado.

– Meu nome é Marta – disse uma menina magérrima e antipática. – Vou ser sua diretora de criação hoje.

Todo mundo soltou risadinhas ao ouvir isso, como se Laura fosse burra demais para perceber que estava sendo ridicularizada. Laura ficou arrasada, mas não demonstrou – afinal, aquela sessão só ia durar seis horas. Nada demais. Além do mais, eles tinham uma obrigação contratual de colocá-la na capa da revista, e não havia nada que pudessem fazer para mudar isso.

– Vá colocar a maquiagem – grunhiu alguém, apontando para uma alcova muito iluminada onde havia um balcão cheio de cosméticos, e onde duas meninas penduravam roupas numa arara. – Ainda estamos montando o cenário.

A única pessoa que parecia estar montando alguma coisa era um rapaz de barbicha que apertava um baseado com a precisão de um especialista. Laura decidiu não discutir. Mas pensou na possibilidade.

– Cara, odeio essas meninas que vencem esses concursos – disse alguém.

Laura saiu correndo dali e foi colocar a maquiagem. Pelo menos, a maquiadora e a cabeleireira foram legais, embora conversassem em sussurros assustados.

– Não se preocupe – repetiram elas um milhão de vezes, fazendo com que Laura achasse que realmente havia algo com que se preocupar. – As sessões da *Skirt* são sempre assim. É uma revista muito moderna.

Laura também estava aprendendo que, no mundo da moda, a expressão "moderna" significava roupas impossíveis de vestir, uma maquiagem horrorosa e um set repleto de gente insuportável. Ela viu que tinha razão exatamente onze minutos mais tarde, quando estava só de calcinha e sutiã e o cara do baseado entrou e começou a observá-la com um ar casual.

– Ela tem peitos enormes – latiu ele, embora aquilo não fosse da conta dele e Laura já estivesse usando um sutiã que diminuía o volume dos seios. – Vocês vão ter que amarrá-los bem. Isso é uma revista de moda, não uma revista pornô.

Laura cobriu os seios com os antebraços e rezou para que sua calcinha não estivesse enfiada na bunda ao ver que o cara estava indo para detrás dela.

– Ela é gorda. Que maravilha, vou ter de passar horas retocando essas fotos – disse ele.

E então *deu um tapa na bunda de Laura*! Ela ficou paralisada, sentindo-se chocada, mortificada e furiosa ao mesmo tempo. Mas ele ainda não havia terminado. Agora estava cara a cara com Laura, exalando uma enorme baforada de maconha. A droga, ao contrário do que Laura sempre imaginara, não o ajudara a ficar mais calmo.

– Já pensou em posar nua? – perguntou ele, com um sorrisinho safado.

– Eu só tenho dezessete anos!

– Há uma revista especializada em meninas novinhas, aposto que consigo colocar você na capa. Podemos conversar sobre isso mais tarde.

Laura precisou do maior esforço do mundo para não fazer uma cara de nojo naquele momento.

– Você vai ter que falar com a minha *booker* – gemeu ela. – É a Heidi, da Fierce.

– Aquela magricela escrota – disse o homem. – Prefiro você, gostosinha. Bom, melhor eu ir pegar uma lente maior para a minha câmera. Só assim vou conseguir fotografar você.

– Ele é o fotógrafo?! – perguntou Laura, sem acreditar, depois que o cara foi embora. – Meu Deus, eu estou pensando em processá-lo por assédio sexual!

– O Gerry é um gênio – sussurrou a cabeleireira. – É um tarado nojento, mas em geral tira as fotos de capa da *Vogue* russa. Você teve muita sorte.

"Sorte" não é bem a palavra que Laura usaria para descrever sua situação. Depois de colocar um par de saltos com dois metros de altura, um vestido que lhe fazia cócegas e que fora preso com fita crepe nas costas, pois não tinham conseguido fechá-lo, ela entrou trêmula no set. Gerry estalou os dedos.

– Meu Deus! – Ele olhou para o cabelo de Laura, que havia sido penteado para trás e encharcado de gel, e para sua maquiagem de morto-vivo. – Assim não dá para trabalhar.

Gerry proibiu que Laura sorrisse, fizesse biquinho ou levantasse a sobrancelha – ou seja, tudo o que ela fazia bem – e mandou-a olhar com raiva para a câmera, como se quisesse arrancá-la do tripé e destruí-la. Não foi difícil, pois ela teve vontade de fazer isso mesmo à medida que o assistente de Gerry tirava as fotos. Aparentemente, os fotógrafos famosos como Gerry só precisavam ficar sentados, falando obscenidades para a pobre modelo.

Enquanto Laura era fotografada com quatro roupas diferentes, Gerry comentava em voz alta que gostaria de saber se ela era virgem, boa de cama e com quem havia transado para ganhar o *Quero ser modelo*.

– De repente, a gente devia tirar fotos dela só de calcinha e sutiã – especulou Gerry. – Será que temos alguma coisa que cabe nela? Umas calcinhas enormes, daquelas de vovó? Marta, por que você não dá uma ligada para a sua avozinha?

Laura não estava mais encarando a câmera com fúria. Agora tentava apenas não chorar, mas sem conseguir impedir que seu lábio inferior tremesse sem parar.

Ela ainda precisaria ser fotografada com mais duas roupas, e por isso cambaleou até o camarim para poder retirar a que estava usando no momento. Seus seios estavam presos com fita crepe e Laura nem queria pensar no que ia acontecer com eles na hora de tirar aquilo.

Laura desabou num banquinho e tentou se imaginar bem longe dali, num lugar mais feliz. Nesse momento, Heidi apareceu. Estava toda vestida de cinza – parecia uma tempestade chegando.

Heidi ficou um minuto olhando para Laura, que estava usando uma calça cor de carne e um chapéu feito de fita adesiva preta, e tentando esconder seus seios com os braços.

– Queria tanto que você emagrecesse um pouco nos próximos meses... – disse Heidi.

Mas Laura não estava com vontade de discutir seu peso.

– Heidi! – gemeu ela. – Isso aqui é... você não vai *acreditar* nas coisas que esse homem falou para mim!

Heidi deu de ombros.

– Falei que ele era um pervertido. Mas é um fotógrafo maravilhoso.

– Mas ele nem está tirando as fotos!

Heidi suspirou, com cara de quem achava Laura uma menininha ingênua e inexperiente que mal tinha o direito de se denominar uma modelo.

– Ele está supervisionando o Andre. É a mesma coisa.

Uma das meninas já estava mostrando a Laura a quinta roupa que ela ia usar: um macacão cor de bronze com uns pedaços de metal pendurados.

– Pode tirar a calça – disse ela alegremente para Laura.

Era como aquele sonho em que você vai à escola pelado e só percebe quando chega lá. Só que um milhão de vezes pior.

– Não vou... – protestou Laura, com as lágrimas quase rolando. – Me recuso.

– Não seja boba. Tire logo essas calças. – Heidi examinava as próprias cutículas. – Quero só ver quando você for fazer um desfile, vai ter de tirar a roupa na frente de todo mundo. Se a sessão atrasar por causa disso, você vai ter de pagar uma multa.

– Vocês podem pelo menos virar de costas antes de eu ficar nua? E alguém pode ficar de guarda na porta? Por favor. Por favor!

Meu Deus, Laura nunca tinha ficado nua na frente de ninguém – nem de Tom. Heidi se virou com cara de enfado enquanto Laura pulava do banquinho e tirava a calcinha. Ela tentou achar os buracos das pernas naquele macacão esquisito e finalmente colocou-o. Era horrível. Na verdade, precisava melhorar muito para ser só horrível.

– Podem virar agora – grunhiu Laura. – Mas garanto que não vão gostar do que vão ver.

O macacão grudara em seu corpo todo, mostrando cada grama de gordura que havia a mais. Laura parecia estar precisando urgentemente de uma lipoaspiração.

– As roupas do Foudre não ficam boas em quase ninguém – disse a cabeleireira, com pena. – De repente, o Andre tira só um rolo de filme.

– Eu estou *horrenda*! – gemeu Laura, caso elas ainda não houvessem compreendido bem a situação.

Em poucos segundos, ela se arrependeu de ter aberto a boca. Heidi a arrastou de volta para o set, explicando com sua voz monótona que ser modelo não era só tirar fotos com cachorrinhos e vestidos floridos e afirmando que Laura ia acabar sendo modelo de catálogo se não conseguisse tirar fotos de alta-costura. E que ela não podia nunca, nunca, NUNCA falar mal do estilista, do fotógrafo e nem mesmo do cara que veio trazer os rolos extras de filme para o estúdio. Tudo bem, Laura sabia que Heidi estava certa – mas era ela quem teria de posar com as pernas para o ar usando aquela roupa infernal, enquanto Gerry comentava que ela provavelmente tinha aberto mais as pernas no sábado à noite.

A sessão de tortura durou mais uma hora e Laura não sabia como seria possível conseguir uma boa foto no meio de todas as que tirara. Mas ela estava mais preocupada com os bicos dos seus seios, em carne viva depois de tanta fita-crepe.

Heidi rapidamente desapareceu, a caminho de outro "encontro", mas não sem antes deixar claro que Laura era a modelo nova de quem ela menos gostava. Laura colocou suas roupas de volta e teve vontade de beijar sua calça jeans, que lhe assentava perfeitamente e não a machucava como aqueles modelos podres que a tinham obrigado a usar. Após alguns segundos, ela percebeu que Gerry estava parado na porta, fumando um cigarro.

– Obrigada pelas fotos – disse Laura, fingindo animação.

Ela fechou todos os botões de seu casaco, apesar de saber que Gerry já vira mais de seu corpo do que qualquer outro ser humano no mundo, com exceção da mulher que fizera seu parto. E como ela ia conseguir sair dali, se Gerry estava bloqueando a única porta?

– Foi um grande... aprendizado – continuou Laura.

– Você está querendo dizer que eu sou um escroto, né? Acontece muito. Não sei bem por quê – respondeu Gerry, sorrindo.

Laura balançou a cabeça. Era uma situação complicada. Ela não podia mandar Gerry tomar em nenhum lugar, pois metade da cidade o considerava um fotógrafo maravilhoso. Mas também não queria ser nem um pouquinho simpática.

– Bom, foi um pouco difícil mesmo, mas acho que preciso me acostumar com isso.

– Também precisa se soltar mais – sugeriu Gerry, desencostando do umbral da porta e andando na direção de Laura. – Não adianta nada chegar no set com cara de parede. Isso não impressiona ninguém.

– Tudo bem – disse Laura. – Vou tentar melhorar.

– Eu poderia recomendar você a muitos clientes, se achasse que valeria a pena – acrescentou Gerry, aproximando-se demais de Laura, que quase morreu de nojo. – Uma mão lava a outra, sabe como é?

Mas Laura sabia que Gerry queria muito mais do que apenas lavar sua mão. Subitamente, ele meteu sua mãozona na nádega esquerda de Laura. Daisy Bloom não dissera nada sobre situações como aquela no *Quero ser modelo*. Laura olhou para cima, tentando procurar um pingo de decência nos olhos vermelhos de Gerry. Quando viu que não havia nenhum, ela se afastou rapidamente dele e deu um adorável sorriso.

– Isso é muito legal da sua parte, Gerry. – Laura cerrou os dentes de tanto ódio.

Não soou muito convincente, mas Gerry ficou um pouco surpreso, a ponto de permitir que Laura colocasse a mão em seu ombro e beijasse o ar ao lado de suas bochechas, como se fazia no mundo da moda. Antes que ele tivesse tempo de tentar enfiar a língua dentro de sua boca, Laura deu um passo atrás.

– Tenho um encontro agora, não posso me atrasar.

– Volte aqui, meu amor – chamou Gerry.

Mas Laura apenas acenou alegremente com a mão e saiu dali, rápida como um raio.

Laura sabia que o sol nascia todos os dias e se punha todas as noites, sabia que a grama era verde e sabia que Hadley não sabia nem ferver água para fazer chá – e, assim como tinha certeza de todas essas coisas, também estava certa de que deixar um tarado encostar nela não era o jeito correto de ter uma boa carreira de modelo.

Laura ainda tentava digerir todas as humilhações pelas quais passara naquele dia quando chegou em casa e deu de cara com Irina, que havia chegado de uma viagem a Tóquio e estava esparramada no sofá. Ela ainda nem saíra do centro de Londres e Irina já estava indo para o Japão. Havia algo de errado nessa história.

Laura esperou que Irina dissesse alguma coisa sobre a viagem – ou que dissesse qualquer coisa. Mas ela ficou parada, olhando para a TV. Era muito estranho.

– Como foi lá no Japão? – perguntou Laura, desabando no sofá com uma barra de Snickers.

Ela estava precisando de um consolo e nenhuma força sobre a Terra teria sido capaz de afastá-la de seu chocolate naquele momento.

– Japonês – murmurou Irina, aproximando-se da tela para não perder um segundo do programa que estava vendo, que era sobre fantasmas. – Comida horrível, chá com gosto de grama.

Laura não queria se exilar no quarto minúsculo e, por isso, decidiu continuar ali com Irina. Além do mais, parecia que ela havia acrescentado algumas palavras a seu vocabulário.

– Você ficou lá mais de uma semana, não foi? Achei que ia voltar no sábado.

Irina suspirou e cruzou os braços, percebendo que Laura estava querendo conversar com ela.

– Arrumei um trabalho na *Vogue* japonesa e num desfile. O que é que tem?

– Mas você nunca tinha desfilado! – exclamou Laura.

Ela não conseguiu se controlar e acabou soando um pouco irritada. Afinal, Irina parecia uma marciana, mas estava arrumando milhares de trabalhos. Enquanto isso, Laura só conseguira dois, pelos quais tivera que concorrer com doze outras meninas. Legal mesmo.

– É só andar para a frrente, para trás, para a frrente, para trás, como se tivesse uma bomba enfiada no rabo – Irina riu da própria piada. – Fácil.

Laura havia levado oito semanas para aprender a andar numa passarela com um salto oito sem tropeçar e cair.

– Bom, hoje eu tirei a foto da capa da *Skirt* – informou ela.

– Foi? – perguntou Irina, pegando o controle remoto para poder aumentar o volume.

– Cara, o fotógrafo era um porco nojento que não parava de me chamar de gorda. No final, ele tentou me apalpar, falando "aí, se você for legal comigo, eu vou ser legal com você, eu trabalho para a *Vogue* russa" – reclamou Laura. – E as roupas eram podres, e eu tive de amarrar meus peitos com fita-crepe, o que foi a coisa mais constrangedora...

– Gerry – grunhiu Irina. – Está falando do Gerry?

– Você conhece o Gerry? – perguntou Laura, sem conseguir acreditar.

– Eu fui num *trote* em Moscou...

– Num teste.

– Sei lá. Ele é **engrraçado**. Fumamos um baseado juntos e ele me arrumou três **trrabalhos**.

Laura olhou para Irina com fúria, tentando descobrir se ela estava tirando uma com sua cara.

– Você está de sacanagem comigo, né?

– Gerry – repetiu Irina. – Agora, cale a boca.

– Mas ele chegou em você? O que teve de fazer para conseguir os trabalhos? Ai, meu Deus, Irina, você... Você não fez *isso*, fez?

Irina fez a única outra expressão que seu rosto sabia mostrar: um sorriso sardônico.

– O que você acha? – perguntou ela.

Laura não conseguiu responder e apenas fez uma cara horrorizada.

– *Niet* – explicou Irina. – Não sou piranha. Ele tenta, eu digo vai tomar e tudo bem. Tipo, respeito, sacou?

Pela milésima vez naquele dia, Laura ficou vermelha como um pimentão.

– Desculpe. Claro que você não é uma piranha. Não foi isso que eu quis dizer.

Laura viu um *poltergeist* surgindo na tela da TV. Um dos participantes do programa soltou um grito de gelar o sangue.

– E você? – perguntou Irina.

– Eu o quê? – disse Laura, fascinada pela televisão.

– Deu para ele?

– Claro que não! – respondeu Laura, furiosa e, depois, desanimada. – Mas ele pegou na minha bunda umas duzentas vezes.

Ao lembrar disso, Laura se levantou do sofá, decidindo lavar e esfregar cada centímetro de seu corpo que Gerry tivesse tocado, olhado, ou discutido.

– Da próxima vez, chute o saco dele – aconselhou Irina, esticando as pernas sobre o local de onde Laura levantara, para que ela não pudesse se sentar de novo. – Sempre. E faz um chá, já que levantou.

# Capítulo seis

Todas as vezes que Laura havia imaginado sua carreira internacional de *top model*, ela sonhara com certas coisas específicas. Como o estilista famoso que a veria numa festa num *loft* em Nova York e declararia ali mesmo que ela seria sua musa. Ele até batizaria uma bolsa em homenagem a ela. Aquele idílio a ajudara a aguentar muitas aulas chatas de história.

E havia também a fantasia em que Laura desfilava triunfantemente pelas passarelas do mundo, até que um cientista qualquer (um que fosse realmente bonito) analisava seu caminhar e ela entrava para a história da moda como a primeira modelo a ter um gingado de 167 graus; depois disso, ela faria um seguro de seus quadris no valor de dez milhões de libras.

A vida seria uma infinita e deliciosa sucessão de festas, champanhe e adulação, interrompida de vez em quando por uma sessão de fotos aqui e ali, para que Laura pudesse pagar a hipoteca de seus diversos apartamentos.

Mas não foi nada disso que aconteceu na verdade.

Para começar, não houve nenhuma festa. Pelo menos, não uma para a qual Laura tivesse sido convidada. Candy ia a todas as novas boates, a todas as novas exposições de arte e a todos os lançamentos de celulares que aconteciam na cidade. Hadley comparecia a todos os eventos com seu namorado, George, que também fora estrela mirim e participara do *Hadley's House*, e que hoje fazia uma ponta num seriado horrível, no papel de um cara que havia sido um astro quando criança e se mudara para a Inglaterra para ficar famoso de novo. A arte imitava a vida. E até Irina, que passava a maior parte do dia colada no controle remoto e num saco gigante de Doritos, de vez em quando saía com seus amigos, todos eslavos sem expressão como ela, e ia a festas pretensiosas em lugares barra-pesada de Londres. Laura só sabia o que acontecia nessas festas porque ouvia algumas das modelos falando sobre elas nos testes.

E havia os testes, que nunca tinham feito parte dos sonhos glamurosos que ela tivera sobre sua vida como modelo, estrelando Laura Parker no papel dela mesma. Os testes eram entrevistas de emprego, em que as modelos tinham de ir até os estilistas e editores de moda para serem avaliadas e verem se conseguiam trabalhos. Tudo que Laura fazia da vida agora era ir aos testes, ou aos "tristes", como ela passou a chamá-los e que eram a coisa mais infernal deste mundo.

Laura era obrigada a admitir que os testes tinham algumas vantagens. Por exemplo, ela agora sacava absolutamente tudo sobre o metrô de Londres. E devia estar gastando algumas calorias andando daquele jeito, embora tivesse o metabolismo mais lento do planeta.

Mas também havia os aspectos dos testes que faziam Laura querer pular da janela e cortar os pulsos ao mesmo tempo. Após se espremer no metrô para ir até o outro lado da cidade, para um estúdio do tamanho de um ovo que ficava sempre pelo menos três lances de escada acima, Laura tinha que se encostar numa parede com um monte de outras meninas. Todas elas se conheciam e ficavam dizendo coisas do tipo: "Vamos nos encontrar da próxima vez que estivermos em Paris". Ou: "Meu *booker* só me deixa trabalhar por mais de quinhentas libras por dia".

Finalmente, Laura era levada até um fotógrafo, ou estilista, ou editor, ou qualquer outra pessoa mais ou menos ligada ao mundo da moda, que folheava seu book em poucos segundos e logo grunhia algo, indicando que ela estava dispensada. De vez em quando, eles pediam que Laura colocasse um sapato de salto alto e desfilasse um pouco. E isso nunca acabava bem – ou, pelo menos, nunca acabava com um contrato para um trabalho.

Mas o que conseguia ser ainda pior era quando eles nem folheavam o book de Laura, mas meramente a olhavam de cima a baixo e diziam:

– Então, você é a menina que ganhou aquele programa porque deu uma bronca no Noel Ripley? Aquilo foi muito engraçado.

Laura tinha vontade de responder: "Não, eu sou a menina que ganhou aquele programa porque eu era mais bonita do que todas as outras candidatas", mas sabia que não podia fazer isso. Ela só podia ficar ali parada como uma estátua de cera, tentando pensar em alguma coisa engraçada para dizer.

Mas Laura não pretendia contar a ninguém que o início de sua carreira de modelo não estava tendo nada de excitante. Afinal, sua mãe só se interessava em saber se ela estava se lembrando de se agasalhar bem e tomar o café da manhã todos os dias; e suas amigas Jen, Chandra e Cath se contentavam com as fofocas sobre Hadley e Candy, querendo saber o que a primeira estava vestindo naquele dia e com quem a segunda andara conversando ao telefone. Já Tom não se deixava enganar tão facilmente. Maldito Tom.

– Está tudo ótimo! – afirmava Laura alegremente quando ele ligava à noite. – Tudo indo maravilhosamente bem.

Então havia uma pausa tensa e Tom dizia:

– Você está esquisita. Tem certeza de que está bem?

E Laura ainda por cima estava se sentindo culpada, pois na semana passada não havia tido coragem de ligar para ele e resolvera mandar apenas uma mensagem de texto que dizia “Estou muito ocupada. Ligo depois. Beijos”.

Pelo menos, Laura estava malhando bastante. Ela passava meia hora na esteira andando muito rápido, o que devia queimar as calorias das fatias de pizza de quatro queijos e os bolos de chocolate que comia de vez em quando. E também abolira o café da manhã, o que provavelmente a ajudaria a perder peso.

Laura subiu os sete andares do prédio da FCP Media, pois não se permitia mais usar o elevador, e tentou imaginar que suas coxas estavam ficando menores a cada passo que dava. Mas ela logo ficou sem ar e precisou se concentrar em não desmaiar.

Laura já não conseguia distinguir um teste do outro – afinal, todos os estúdios minúsculos e todos os estilistas vestidos de preto que ela encontrava se pareciam uns com os outros – mas precisava admitir que estava um pouco animada com aquele, pois seria avaliada pela editora da revista *Polka Dot.* Laura vinha lendo a revista avidamente havia três anos, e adorava a maneira como ela publicava artigos sobre assuntos variados, desde moda até comportamento. E os editoriais de moda sempre mostravam meninas felizes com sorrisos enormes e sardas no nariz, balançando-se em árvores ou dançando sozinhas no quarto. Laura costumava pegar as fotos desses editoriais e colá-las na parede de seu quarto, na época em que... bem, na época em que achava que ser modelo era a coisa mais legal do mundo.

Laura seguiu algumas placas e o som da banda Goldfrapp até chegar na sala certa. O lugar parecia o quarto bagunçado de alguém, só que cheio de mesas e computadores. Havia roupas, CDs e objetos cor-de-rosa espalhados por todos os lados, e as pessoas que trabalhavam ali dentro estavam... sorrindo! Isso era algo inédito nesses testes.

Laura atravessou a sala com passos firmes, indo para o local onde parecia haver mais roupas empilhadas – estava se tornando especialista em encontrar o departamento de moda dos lugares que visitava. Ela tirou seu book da bolsa e sentiu os pelos da nuca se eriçarem de medo. Será que, dessa vez, seria rejeitada sem nem ser avaliada antes?

Laura se virou e viu uma menina linda logo ali atrás, com um cabelo louro-platinado natural e enormes olhos azuis. Ela provavelmente estava prestes a mandá-la dar o fora dali, avisando que já havia sido contratada para aquele trabalho.

– Ei, você é a Laura do *Quero ser modelo*! – exclamou a menina. – Sua agência é a Fierce, não é?

– É. E a sua? – perguntou Laura.

Essa sempre era a primeira coisa que as modelos perguntavam umas para as outras, logo seguida por "Para quem você trabalhou ultimamente?".

A menina piscou os olhos.

– Eu não tenho agência, trabalho aqui na *Polka Dot* – explicou ela, com certo sarcasmo. – Meu nome é Alison, eu sou a subeditora de moda.

Laura quis morrer.

– Foi mal. Eu achei que você era modelo.

Alison estendeu a mão, indicando que Laura devia lhe entregar seu book.

– Puxa, com isso eu ganhei a semana – disse ela alegremente. – Mas eu jamais poderia ser modelo. Gosto muito da minha bunda, que é um pouco grande demais. Ai, gostei dessa aqui. Lembro de como a Nemi estava tentando perturbar você nessa sessão, dançando na sua frente. Cara, ela era muito chata.

Laura achou que Alison ia dizer "Puxa, você parecia bem mais animada no programa", porque todo mundo sempre fazia isso, mas não foi o que aconteceu.

– Nós ficamos muito chateadas quando soubemos que a revista *Skirt* ganhou uma capa com você e a gente não. – Alison pegou um dos cartões com fotos de Laura que ficavam na parte de trás do book. – Queria tirar umas polaroides de você e, nossa, você tem de conhecer nossa editora de moda! Ela é sua maior fã. A gente fez uma festinha, comemos pizza e tomamos umas cervejas... sim, nós fizemos uma festinha no dia do último episódio do *Quero ser modelo* e ela obrigou todo mundo a ligar e votar em você.

Laura foi com Alison até uma sala microscópica, sem acreditar no que estava ouvindo, e viu uma menina gordinha com um sapato rosa de salto doze num pé só, segurando em outra menina para se equilibrar.

– Você acha que eu vou conseguir andar com isso? Ou só dá para usar no táxi? – perguntou ela.

– Kat, adivinha quem está aqui?

Kat estava olhando com reverência para o sapato rosa, o que fez com que Alison revirasse os olhos de impaciência.

– Sei lá. O Adam Brody? Ia ser irado. Ai, meu Deus, é você! Você é a Laura do *Quero ser modelo*! – gritou Kat, chutando o sapato longe sem se preocupar com sua delicada estrutura e correndo para dar um abraço em Laura. – Eu adoro você!

– Essa é a Kat, nossa editora de moda – apresentou Alison, embora não fosse necessário. – Ela é sua fã número um.

– Sou mesmo! – concordou Kat, pegando Laura pelo braço e abrindo um enorme sorriso.

Ela era baixinha e voluptuosa e estava com um vestido preto bem apertado que fazia suas curvas brancas pularem para fora. Em teoria, não era para ficar bonito – mas, na prática, estava maravilhoso.

– Cara, a gente *ama* você! A Alison contou da festa?

Laura assentiu e tentou desesperadamente pensar em alguma coisa incrível para dizer. Mas tudo o que conseguiu balbuciar foi:

– Que sapato lindo!

Só que Kat estava claramente encantada com ela. Laura se perguntou se a menina não era um pouquinho lésbica.

– A gente quer fazer um editorial sobre casacos de inverno – disse Kat, enquanto Alison colocava filme na câmera. – Vamos tirar as fotos em Whistler, no Canadá. Você sabe andar de *snowboard*?

– Não, mas sei cair de um muito bem, principalmente se alguém em volta estiver com um celular com câmera. Você devia ver a página da minha melhor amiga no MySpace – respondeu Laura, percebendo que estava tagarelando sem parar.

Mas Kat bateu palminhas, deliciada.

– Que maneiro! A gente devia colocar todas as modelos caindo na neve e brincando. Bastante energia, Alison, bastante movimento.

– Vou ver se o Simon está livre para fazer as fotos – murmurou Alison. – Ele é ótimo para essas fotos de ação. E, de repente, dá para a gente fazer um editorial de moda também. Laura, você pode ir para perto daquela porta e dar um sorriso bem grande? Pense na Nemi perdendo.

Laura, pega de surpresa, deu uma gargalhada no exato segundo em que Alison tirou a foto. Ela pensou que ia levar uma bronca por ter fechado os olhos, mas Alison continuou a clicar enquanto Kat observava, satisfeita.

– A Laura ia ficar linda naquele casaco verde-esmeralda – sugeriu Kat subitamente. – O que eu quero usar na primeira foto.

Uma das funcionárias que estava por ali, agachada no chão desembaralhando uma imensa pilha de bijuterias, pegou o casaco correndo e entregou-o a Laura.

Laura percebeu logo que o casaco ia ficar pequeno demais, pois, quando estava colocando as mangas, sentiu a lã se esgarçando perigosamente sobre seus ombros. Ela conseguiu se espremer lá dentro e agarrou as lapelas, tentando fazer um ar despreocupado diante da multidão que a olhava.

– Essa cor fica linda em você – disse Alison, tirando mais fotos. – Você pode só abotoar o casaco?

Xingando mentalmente a sua atrapalhação, Laura fechou o primeiro botão e puxou o casaco para poder fechar o segundo. Infelizmente, seus peitos imensos não permitiram.

– Está pequeno... – confessou Laura.

E então ela ouviu um ruído alto que indicava que a costura de trás do casaco acabara de arrebentar de cima a baixo. O som pareceu não acabar nunca. Nunca. Nunca. Que som horrível. E Laura soube que, dali a cinquenta anos, ainda teria pesadelos sobre aquele momento e acordaria molhada de suor.

Só que ainda não haviam se passado cinquenta anos. Ainda era o presente, e Laura era uma *gorda* que havia acabado de destruir um casaco na frente de três pessoas que estavam fingindo que aquilo não acontecera. Será que era possível literalmente morrer de vergonha? Pelo jeito, não.

– Desculpe... eu... – Laura mal conseguia falar, pois seus dentes estavam cerrados.

– Não se preocupe. – Kat ergueu a mão. – Os tamanhos que dão para a gente são sempre insanamente pequenos.

Não havia nada que Laura pudesse fazer, exceto tirar aquele casaco odioso e tentar manter uma expressão calma. Mas, por dentro, ela estava gritando, esperneando e se esgoelando de vergonha e horror.

– Eu já perdi alguns quilos. – Ela tentou consertar a situação. – Sinto muito mesmo.

Kat subitamente agarrou a mão de Laura, o que a impediu de sair correndo dali.

– Eu levo você até a porta – disse ela.

Laura se sentiu pior ainda, pois ver que Kat estava com pena dela era pior do que ser rejeitada e ignorada, como vinha acontecendo tanto ultimamente. Kat tirou Laura da salinha rapidamente e talvez tenha adivinhado que ela estava prestes a cair em prantos, pois deu outro apertão em sua mão.

– Sabe por que gostei tanto de você no programa? – perguntou Kat, abrindo a porta do escritório.

– Porque eu dei uma bronca em um dos juízes e não fui capacho de ninguém – respondeu Laura automaticamente. – Acho que sou uma decepção ao vivo, né?

– Bom, isso é em parte verdade – admitiu Kat, dando um sorriso com seus lábios muito vermelhos. – Mas eu sou bastante fútil e também achei você muito bonita, de um jeito doce e simples que não deixava os telespectadores assustados como aquelas outras meninas esqueléticas. Você é, tipo... como nossas leitoras poderiam ser se estivessem tendo um dia muito bom, e se tivessem nascido com um rosto tão lindo assim.

– Você só está dizendo isso para me animar – protestou Laura, tentando ignorar as lágrimas que estavam querendo saltar dos seus olhos e sabendo que Heidi a mataria se a ouvisse falando daquele jeito com a editora de moda de uma revista.

– Não estou, não. E queria muito que você saísse na revista. De repente, a gente podia fazer uma entrevista contando o que você está fazendo desde que o programa acabou – disse Kat, entusiasmada com a ideia que acabara de ter. – Tipo, contando da vida glamurosa e maravilhosa que você está levando...

Mas então Kat parou de falar, em primeiro lugar porque Laura estava fazendo uma cara parecida com a do quadro *O grito*, de Edvard Munch, e em segundo lugar porque elas duas sabiam que não havia nada de glamuroso ou maravilhoso na vida de modelo – a não ser que você fosse Candy, ou Hadley, ou até mesmo Irina, que devia estar em Tóquio naquele momento, perguntando se podia botar um pouco de ketchup em seu sushi.

– Olha, obrigada por tudo – balbuciou Laura, apertando a mão de Kat. – E, Oh, só queria dizer que a *Polka Dot* é minha revista preferida e que você é uma editora muito boa. Estou falando sério, não estou querendo bajular você. Vou calar minha boca agora e sair fora.

Kat deu uma risadinha e puxou Laura para si, dando-lhe mais um abraço.

# Capítulo sete

Laura caminhou por uma das margens do Tâmisa, evitando as hordas de pessoas fazendo *cooper* e de turistas carregando mochilas e observando os prédios de Londres que surgiam por entre as árvores. Ela decidiu não atender o celular, e Heidi ligou sete vezes em uma hora.

À sua frente, surgiu o imponente prédio do museu Tate Modern. Laura suspirou ao vê-lo. Ela só estivera ali uma vez, numa excursão da escola, em que passara o dia inteiro olhando para Tom em vez de prestar atenção aos quadros de Jackson Pollock. Na volta para casa ele se sentara ao lado dela, lhe dissera que ela era a menina mais bonita que ele já tinha visto na vida real e lhe perguntara se ela queria sair naquele fim de semana.

Nesse momento, Laura quase desabou; não por causa do vento que soprava, mas por causa da absurda saudade que sentiu de Tom, de repente.

– Estou morta de saudades! – disse ela ao telefone, antes que Tom pudesse dizer “alô”. – Estou na frente do Tate Modern e lembrei do dia em que você me convidou para sair.

– Calma, calma, Laura – declarou Tom, preocupado, pois a voz dela estava tão trêmula quanto a sacola plástica que Laura viu ser levada pelo vento. – Está tudo bem?

– Não – admitiu Laura, falando bem baixinho. – Quero ir para casa.

– Então venha. – Tom simplificou as coisas como sempre fazia. – Vá até a estação, compre uma passagem e entre num trem.

– Não posso.

– Você conseguiu algum trabalho? Que bom! Por que não me contou?

– Como se isso fosse possível – disse Laura ironicamente. – Não, não consegui nenhum trabalho. E é porque eu sou gorda! Por que você nunca me disse que eu era gorda?

– Você não é gorda – garantiu Tom imediatamente, sem nem parar para pensar, o que deixou Laura um pouco mais contente. – Por que está falando assim?

– Você não vai entender – gemeu ela. – Não sabe como está sendo isso aqui.

Laura nunca fora tão manhosa, nem durante o tempo que havia passado na casa do *Quero ser modelo*. As outras meninas choramingavam para os namorados ao telefone, mas ela só contava para Tom as coisas horríveis que as candidatas tinham feito, sem se incomodar com nada.

– Não sei mesmo, mas minha vida também não está sendo só alegria – reclamou Tom. – Estou cheio de prova no colégio e tendo que preencher um monte de formulários para as universidades. Além do mais, meu pai continua achando que eu vou ser advogado e está acabado. E você não está aqui para conversar comigo e, quando se digna a me ligar, é só para encher meu saco.

– Não estou querendo encher seu saco. Que droga!

Laura odiava quando ela e Tom brigavam. Não acontecia muito mas, dessa vez, ela perdeu completamente as estribeiras e começou a berrar como um feirante ao telefone.

– Você podia pelo menos fingir que está interessado no que eu estou passando! Estou tendo de lidar com várias coisas sérias, de adulto!

– Você ganha dinheiro para sorrir e fazer pose, Laura. Não está tentando encontrar a cura para o câncer.

– Pare de falar comigo como se eu fosse uma idiota!

– CHEGA! – gritou Tom subitamente, quase estourando o tímpano de Laura. – Você não fala comigo há dias e então me liga e dá um ataque desses sem motivo. Não estou a fim de ouvir.

– Então, muito bem! – exclamou Laura, sem conseguir pensar em nada melhor para dizer.

– Não está nada muito bem. Quando seu humor melhorar, você me liga – rugiu Tom, desligando na cara dela.

Foram necessários quarenta e cinco minutos para o humor de Laura melhorar. Ela ficou esse tempo todo passeando pela lojinha do Tate Modern, e devia estar mesmo deprimida, pois nem comprar um caderno estiloso a animou.

Em geral, Tom não perdia a paciência daquele jeito. Mas então o celular de Laura tocou e, sem nem precisar olhar para a tela, ela teve certeza de que era ele ligando para se desculpar, embora a culpada fosse ela, a mulher mais mal-humorada desse mundo.

– Desculpe – pediu ela ao atender. – Não devia ter sido tão chata, é que...

– Laura – disse Heidi, no tom que só ela conseguia reproduzir e que indicava tédio e decepção ao mesmo tempo. – Estou tentando falar com você há duas horas.

– Meu celular estava no fundo da minha bolsa – desculpou-se Laura, que havia aprendido a mentir fluentemente após dois meses morando em Londres. – Não ouvi tocar nem...

– Falei com a Alison da *Polka Dot* – interrompeu Heidi.

– Ah.

Heidi fez um muxoxo.

– "Ah", mesmo. Você não conseguiu o trabalho.

– Sabe o que é, eu...

– Você rasgou o casaco. Eu sei. Ela me contou.

Laura saiu cabisbaixa da lojinha, pois a menina do caixa já estava olhando feio para ela, que resolveu sentar-se no chão do lado de fora, segurando o celular com o ombro.

– Era um casaco muito pequeno.

– Era do tamanho que sempre mandam para as modelos! – disse Heidi, exasperada. – Quantas vezes vamos precisar ter a mesma conversa?

– Mas elas me adoraram, e a editora era muito maneira e...

– As pessoas não contratam ninguém só porque vão com a cara delas. As roupas têm de caber na modelo. – Heidi levantou um pouco a voz. – Você precisa passar aqui para a gente ter uma conversa.

Laura pressentiu que Heidi não estava falando apenas de um bate-papo descontraído enquanto elas bebiam chá e comiam bolinhos. Na verdade, ela imaginou que "conversa" era um eufemismo e que na verdade Heidi ia levá-la para os fundos da agência e colocá-la diante de um pelotão de fuzilamento.

– Acho que posso ir aí amanhã. – Laura ouviu o bipe do telefone, imaginando que era Tom na outra linha. – Tem outra pessoa me ligando, Heidi.

– Agora. Quero que você venha agora. O Ted quer vê-la.

Ted era o chefe dos *bookers* da agência, o chefe de Heidi. Na verdade, ele era o *booker* de Irina, pois aquela magricela sortuda só levara uma semana na seção das *new faces* antes de ser transferida para outra mais interessante. As coisas estavam indo mal para aquela menininha de Manchester.

– Tem certeza de que não dá para esperar até amanhã? – implorou Laura.

Mas, mesmo pelo telefone, Heidi conseguia ser a mulher mais horrível da face da Terra.

Laura começou a andar, sentindo que estava a caminho da cadeira elétrica. Ou, pelo menos, a caminho da sala do diretor. Mas ela não estava mais no colégio. Era adulta, ou o mais próximo de uma pessoa adulta que uma menina que só ia fazer dezoito anos dali a sete meses conseguia chegar. Nem Heidi, nem Ted mandavam nela. Tecnicamente, Laura era autônoma, não uma empregada da agência. E, tecnicamente, não parecia estar se dirigindo para lá. Será que era a névoa vermelha cobrindo tudo ao seu redor que lhe embaralhava a visão? Ou talvez suas pernas houvessem ganhado vida própria, pois elas estavam fazendo-a entrar num ônibus que ia para Camden, para aquele apartamento idiota, onde ela era forçada a viver com três meninas idiotas que sempre arrumavam vários trabalhos idiotas e que se achavam o máximo, embora fossem as pessoas mais idiotas que já haviam existido no mundo? Ela era mais bonita do que as três. Se enfileirassem todas elas na frente de um júri imparcial, Laura sem dúvida seria escolhida como a mais bonita. Por que aquilo não valia de nada?

– *Quem* deixou essa droga aqui? – esbravejou Laura, quase tropeçando num saco de lixo que havia sido abandonado na frente da porta da entrada.

Ela agarrou o saco e marchou até a sala. Pronto! Ali estavam As Três Patetas no sofá, e uma delas ia ter de dar um jeito naquilo.

– Isso aqui é *lixo*! Tem de ser colocado *na rua*!

E, só para ter certeza de que elas tinham captado a mensagem, Laura atirou o saco nos pés das três.

Candy e Hadley olharam para o saco de lixo, depois olharam para a cara uma da outra e decidiram que não tinham nada a ver com aquela história. Só Irina parou de ver o programa de moda que estava assistindo – onde provavelmente aprendera novas maneiras de dominar o mundo – e se levantou do sofá.

– Faz chá? – disse ela.

Laura abriu a boca e fechou-a de novo. Ela teve vontade de soltar um grito lancinante de pura raiva. Mas apenas deu um grunhido e cerrou os punhos, tentando não dar um soco no rosto feioso de Irina.

– Não, não vou fazer chá nenhum! – berrou ela. – Não faço seu chá. Não sou sua empregada. Não estou aqui para cumprir suas ordens, nem para tirar o lixo e nem para fazer bebidinhas para todo mundo. Você já está aqui há dois meses, já devia ter aprendido a dizer "por favor" e "obrigada"!

Nem uma arma de destruição em massa seria capaz de abalar o ego gigantesco de Irina. Ela meramente deu de ombros como sempre e voltou a se enterrar no sofá.

– Deixa quieto – ela suspirou.

– Teve um dia difícil? – Candy largou a lixa de unhas, que absorvera toda sua atenção até ali. – Você parece estar um pouco tensa.

– Não estou tensa – respondeu Laura, irritada. – Nem um pingo. Só estou cansada de ser a única que move um músculo nesse lugar. Alguma de vocês sabe onde fica o aspirador de pó?

– Lógico que eu sei – garantiu Candy, embora isso não significasse que ela jamais houvesse usado o aparelho. – Ele fica no armário do lado da porta da cozinha.

– Ah, aquela coisa – disse Hadley alegremente. – Não sabia bem para que servia.

– Vocês são um nojo! Eu odeio isso aqui. Odeio mais do que tudo na vida. E vocês podem ficar chafurdando na sujeira, porque eu vou para casa e... e... espero que vocês não consigam mais nenhum trabalho!

No meio de seu ataque, Laura havia parado de sentir raiva e fora dominada pelo desânimo. Ela olhou para suas três companheiras de apartamento, que encaravam-na com fúria o suficiente para fazê-la explodir em mil pedacinhos.

– Que bom, queridinha, – disse Candy ironicamente. – Acho melhor você treinar um pouco seus gritinhos, pois eles não estão muito impressionantes.

– Vou assistir ao seu programa, quem sabe eu não aprendo alguma coisa – Laura girou sobre os calcanhares, quase dando de cara no cabideiro.

E o pior é que Laura não podia nem comer uma besteira para se consolar. A dieta começava naquele segundo mesmo. Ela ia passar a semana em Manchester sem comer nada. Aí, ia voltar para Londres, magra e pronta para conseguir trabalhos. Heidi e Ted iam ficar pasmos ao ver a quantidade de gente que ia querer tirar fotos dela.

Bom, esse era o plano. Naquele momento, Laura teve de se contentar em ligar para sua mãe e ordenar que ela a apanhasse na estação de trem de Manchester na tarde seguinte. Decidiu não telefonar para Tom, pois o frágil relacionamento deles não suportaria duas brigas no mesmo dia.

# Capítulo oito

Como diriam The Smiths em "Suffer Little Child", "Manchester, Manchester, tantas contas a acertar". A chuva fustigava as pessoas quando Laura surgiu na estação, arrastando a mala de rodinhas e procurando por seu pai no meio da multidão.

Não foi difícil encontrá-lo, pois ele usava sua jaqueta vermelha de poliéster, sem nenhum traço discernível de ironia. Pelo jeito, o gosto pela moda não se fazia presente em todas as gerações da família.

Laura bateu com a mala nos joelhos dele, em vez de cumprimentá-lo, e apertou seu casaco contra o corpo. A lã ficara molhada por causa da chuva e estava cheirando a pelo de cachorro.

– Espero que você tenha estacionado o carro aqui perto – grunhiu ela.

Ela deu dois beijinhos no ar perto das bochechas dele antes de se lembrar que aquele era seu pai e que ele não estava acostumado com as manias do mundo *fashion*. Ele franziu a testa, mostrando que Laura tinha toda razão em pensar aquilo.

– Oi para você também – ele a cumprimentou alegremente, observando-a, intrigado. – Está tudo bem? Sua mãe disse que você pareceu chateada quando ligou para ela ontem.

Meu Deus, Laura só estava em Manchester havia cinco minutos e já estava seu pai fazendo um interrogatório!

– Estou ótima – afirmou ela categoricamente, começando a andar e então dando uma parada abrupta, impedida de seguir em frente pelo grande número de pessoas que chegaram de Londres no trem.

– Droga de hora do *rush* – queixou-se o pai de Laura. – Vai ser uma desgraça para chegar em casa.

Ele não falou mais nada sobre o mau humor dela. Uma das melhores características do pai de Laura era que ele sempre escolhia a maneira mais fácil de fazer as coisas.

Infelizmente, sua mãe não era bem assim. Ela estava parada na porta de casa, esperando por eles.

A casa estava quentinha e acolhedora. Alguém miava atrás da mãe de Laura e havia um cheiro bom de alho saindo da cozinha que a envolveu imediatamente. Mas ela não conseguiu escapulir da mãe, que cruzou os braços e não a deixou passar, apesar de Laura estar completamente encharcada de chuva.

– Minha nossa, você continua emburrada! – exclamou ela. – E está abatida. Está ficando doente? É por isso que veio para casa? Eu sabia que havia mofo naquele apartamento.

Laura abriu a boca para dar uma resposta furiosa, mas foi impedida pelo pai, que disse:

– Pelo amor de Deus, Wendy, está caindo o mundo aqui fora. Dá para sair da frente da porta e nos deixar entrar?

Laura tirou o casaco, vendo que a mãe a observava com ar de reprovação.

– Dá tempo de tomar um banho antes do jantar? – perguntou Laura, pressionando a palma da mão contra o jeans molhado. – Ou você quer que eu pegue uma pneumonia?

– Não precisa falar comigo desse jeito, mocinha. E nós vamos ter A conversa depois do jantar – gritou a mãe de Laura, enquanto subia dois degraus da escada de cada vez.

Wendy era a única pessoa do mundo que conseguia falar em letras maiúsculas. Dava um medo horrível.

Depois de tomar uma chuveirada, Laura vestiu seu pijama da Hello Kitty, colocou um dos pulôveres do pai e sentou no lugar de sempre da mesa da sala de jantar. Em geral, eles comiam na cozinha, mas como a filha pródiga havia retornado naquele dia, o local era o mais formal e eles estavam usando o segundo melhor jogo de porcelana que tinham.

O estômago de Laura teve espasmos de fome quando a mãe colocou na mesa um delicioso pão de alho feito em casa, que ela fez de tudo para ignorar. Laura não havia comido nada aquele dia, a não ser um iogurte *diet* que encontrara no fundo da geladeira.

– Fiz seu prato favorito. Espaguete à bolonhesa, com aquela massa fresca que você gosta – disse a mãe de Laura, que era um gênio culinário do mal. – Mandei seu pai ir ao supermercado só para isso – continuou ela, que também era um gênio do mal na hora de fazer Laura se sentir culpada.

– E olha que já estava chovendo nessa hora – completou o pai dela, que também tinha suas habilidades. – Que tal eu servir logo o macarrão?

Laura pensou em dizer que desenvolvera uma súbita alergia a trigo, mas sabia que eles jamais iriam cair nessa. O pai de Laura colocou uma montanha de espaguete no prato dela, que observava tudo, ansiosa.

– Tem salada? – perguntou ela para a mãe, que havia acabado de se sentar.

– Para que salada? Tem vários vegetais no molho à bolonhesa – disse ela, irritada, pois falar mal de sua comida era a mesma coisa que dizer que sua casa cheirava a mijo.

– Só queria comer umas folhinhas – explicou Laura, olhando melancolicamente para a massa em seu prato. – Que vegetais tem aqui?

– Os mesmos que havia nas últimas duzentas vezes em que eu cozinhei isso para você – respondeu a mãe dela, altiva. – Cenoura, cogumelo, tomate, salsinha, alho... hum, acho que usei um pouco de manjericão. Quer que eu veja para você?

– Não precisa ser tão chata.

– Ela não está sendo chata – repreendeu o pai de Laura, que sempre ficava do lado da mãe. – Coma um pedaço do pão de alho.

Laura suspirou fundo, tentando ficar satisfeita só com o cheiro do jantar.

– Olha, eu não como mais carboidratos depois das... quer dizer, nunca. Não estou comendo mais carboidratos.

– Como é que é? – perguntou a mãe, sem acreditar no que estava ouvindo.

– É muito difícil para o meu corpo digerir carboidratos... não me olhe com essa cara, mãe. Não estou fazendo nenhuma dieta maluca, e estou muito longe de ser anoréxica. Só preciso perder um pouco de peso – declarou Laura num tom desafiador.

Houve alguns segundos de silêncio, durante os quais a mãe de Laura bebeu mais da metade de sua taça de Pinot Noir.

– As modelos têm um padrão diferente do resto das pessoas. Sei que você não entende, mas eu tenho os ossos largos e, nas fotos, todo mundo fica cinco quilos mais gordo. Não vou comer nem o macarrão, nem o pão de alho. Acabou a discussão.

– Não acabou nada! – gritou a mãe de Laura, batendo com a taça na mesa sem nem colocá-la em cima do descanso, o que mostrava o quanto estava zangada. – Aposto que você está com esse mau humor insuportável porque não anda comendo direito. Não me importo com o que você faz quando está em Londres, mas quando estiver nesta casa vai comer o que for servido sem reclamar!

– Faça o que sua mãe está mandando. – O pai de Laura piorou ainda mais a situação. – Você está magra como um palito.

Até parece. Ver Irina comendo quilos de frango frito do KFC (Kentucky Fried Chicken) toda noite já era difícil, e recusar um prato da comida que mais amava nesse mundo era quase impossível. Mas Laura conseguiu. Afinal, tudo dependia daquilo.

– Não vou comer. Posso comer o molho e, sei lá, mais alguns tomates se tiver sobrado algum, mas não vou comer os carboidratos.

– Você não vai se levantar dessa mesa enquanto não comer o que está no seu prato. – A mãe engoliu uma garfada do macarrão como se ele estivesse cheio de arsênico. – E muito obrigada por estragar o jantar de todos nós.

Laura olhou nos olhos da mãe e pegou um cogumelo do prato, raspando qualquer traço de espaguete que houvesse grudado nele antes de colocá-lo na boca.

– Você vai me obrigar a comer?

– Laura, você está sendo ridícula – disse o pai, como se ela precisasse dele para saber disso. – Coma só o macarrão e esqueça o pão de alho.

– Não faça isso! – reclamou a mãe, irritada, voltando toda a raiva para o marido. – Você sempre faz as vontades dela!

– Não faço, não. Mas prefiro jantar em harmonia e não ter indigestão.

– Não vou comer o espaguete. Mas o molho está muito bom.

O molho estava mesmo muito bom, mas ele não encheu a barriga de Laura. Ela apertou as mãos contra o estômago, que estava reclamando por mais comida sem a menor cerimônia. Seria tão fácil enrolar aquele espaguete no garfo e deslizá-lo garganta abaixo... Ela observou as gotinhas de molho no espaguete e pensou que poderia correr alguns quilômetros a mais no dia seguinte, para compensar. Mas então ouviu uma vozinha imaginária que se parecia demais com a de Heidi.

"Ela não cabe nas roupas de amostra. Não conseguiu nenhum trabalho. É gorda demais para ser modelo. É gorda demais para fazer qualquer coisa."

Então Laura visualizou-se mais magra e mais feliz, uma dica que eles davam no CD bizarro de hipnose que prometia perda de peso e que ela comprara para ouvir no trem. A Laura mais magra e mais feliz estava andando por uma passarela durante a Semana de Moda de Milão com um vestido transparente de chiffon branco. Tinha as maçãs do rosto bem marcadas e pernas longas e, além disso, um jeito todo especial de caminhar pela passarela, como as modelos mais famosas.

– Quer provar um pouco do meu chá verde? – perguntou ela para a mãe, tentando fazer as pazes. – Garanto que não é tão nojento quanto parece.

– Não, muito obrigada – respondeu ela, furiosa. – Seu pai e eu vamos comer tiramisu, apesar de ter milhares de calorias, e você pode começar a lavar a louça.

– Tudo bem – Laura se levantou da mesa.

– Muito bem! – A mãe pegou o macarrão que ela deixara no prato e colocou-o de volta na bandeja. – E depois vá para o seu quarto.

Era estranho para Laura estar de novo em seu quarto. Embora fosse cerca de dez vezes maior do que o ovo que ela habitava em Londres, era como se Laura estivesse grande demais, adulta demais, para ele. Deitou na cama e sentiu o cheiro gostoso de sabão em pó caro de seus lençóis, muito melhor do que o do vagabundo que ela usava em Londres. Observou as fotos que colara em sua parede. Havia uma da qual gostava especialmente, que mostrava três meninas descendo uma ladeira íngreme de bicicleta, com os cabelos soltos ao vento e a boca aberta soltando gritos de alegria. É claro que não havia som, mas quase dava para ouvi-las de verdade, pois a foto capturava tão bem aquele momento que era possível sentir a brisa em seus cabelos também e a bicicleta indo cada vez mais rápido conforme se aproximava do final da ladeira. Laura queria ser uma daquelas meninas. Queria tirar fotos como aquela. E valia a pena dispensar um prato de macarrão para conseguir isso.

Mas ainda havia mais uma tarefa desagradável a completar antes que o pior dia de sua vida terminasse. Ela pegou seu telefone e apertou o "um", porque Tom era a pessoa mais importante e merecia o primeiro número da discagem rápida. Ou, pelo menos, costumava merecer.

O telefone tocou várias vezes, apesar de ser quinta-feira à noite. Nessa noite, ele estava sempre fazendo dever de casa, assistindo à televisão ou fazendo um milhão de outras coisas que o mantinham perto do aparelho e lhe permitiam atender antes que a caixa postal entrasse.

"Oi, aqui é o Tom. Deixe uma mensagem. Não, sério, deixe uma mensagem. Não desligue o telefone, porque isso é muito irritante." Laura deu um sorrisinho ao ouvir a mensagem engraçada, embora se sentisse chateada por Tom estar distante do telefone quando eles estavam no meio de uma briga.

– Sou eu – murmurou ela, enroscando-se na cama. – Demorei bastante a melhorar de humor. Não sei se meu humor melhorou completamente agora, mas eu estou me sentindo completamente culpada. Desculpe. Bom, se você quiser falar comigo, eu vim passar a semana em Manchester e queria muito vê-lo. De repente, a gente pode sair para dançar no sábado, sei lá...

Laura decidiu parar de falar, pois achou que estava soando como uma maluca desesperada.

– Olha, me liga quando puder, tá? Aí a gente se entende. Eu amo você.

Ela colocou o telefone no travesseiro ao lado do seu e ficou olhando para ele, ansiosa, esperando que tocasse. Cinco minutos mais tarde, ele ainda estava horrivelmente mudo.

Meu Deus, eram 21h30 de quinta-feira e ela estava exilada em seu quarto sem sua televisão, que ficara em Londres. Seus pais estavam zangados com ela. Seu namorado havia desaparecido. E seu futuro como modelo estava prestes a desmoronar. A vida era uma droga. Alguém devia fazer um adesivo de carro que afirmasse isso. Laura procurava alguma coisa para ler em sua estante quando alguém bateu de leve na porta.

– Pode entrar, não estou vomitando meu jantar nem nada assim – disse ela.

– Ninguém achou que você estava. – O pai dela abriu a porta.

Ele ficou parado com um ar constrangido, pois não gostava muito de entrar no santuário particular de Laura desde que ela pintara suas paredes de prateado. Aquilo o ofendia, pois ele era um pintor muito bom e o trabalho de Laura não estava nada benfeito.

– Você quer descer e...

– Fazer o quê? Levar a segunda parte do esporro? – perguntou Laura com raiva, tirando um livro da estante, percebendo que era *Grandes esperanças*, do Charles Dickens, e colocando-o de volta.

– Não fale essa palavra – pediu seu pai automaticamente. – Na verdade, sua mãe e eu gostaríamos de assistir a um DVD e nos deliciar com sua presença. Ou, pelo menos, assistir a um DVD.

– Muito engraçado – disse Laura, dessa vez sem raiva nenhuma. Ela se levantou e se espreguiçou.

– Que DVD? *Orgulho e preconceito* de novo?

O pai dela deu de ombros.

– Algum filme com o Johnny Depp. Foi a única coisa que sua mãe deixou bem claro.

– Bom, não tenho mais nada para fazer, mesmo.

Laura se dirigiu para a porta, mas seu pai esticou o braço, agarrou-a e beijou-lhe o topo da cabeça.

– Você é uma menina muito burra. – Ele fingia estar zangado. – Não sei como consegue se vestir sozinha.

A mãe de Laura obviamente concordava com aquela opinião, pois estava sentada muito empertigada no sofá, com um ar de desprezo. Mas ela se afastou para que Laura pudesse se sentar ao seu lado e mostrou um pratinho que havia em cima da mesa de centro.

– Fiz um lanche para você – disse ela num tom gélido. – Não tem nenhum carboidrato.

Às vezes, a mãe de Laura a deixava maluca, como quando não permitia que Laura continuasse zangada com ela. Após comer as fatias de queijo e a maçã e beber o leite semidesnatado, Laura pousou a cabeça no ombro da mãe e as duas viram o filme de mãos dadas.

# Capítulo nove

Tom finalmente ligou para ela, às 21h07 do dia seguinte. Não que Laura estivesse olhando a tela de seu celular e vendo os minutos passarem.

– Ah, então você finalmente lembrou como é que se usa um telefone – disse ela, irritada, esquecendo suas boas intenções e mostrando seu horrível mau humor mais uma vez.

Tom deu um suspiro.

– Esqueci meu celular no armário e tive treino de futebol depois da escola. Mas, se eu soubesse que você ia ficar tão feliz em falar comigo, teria ligado no meio da aula de literatura – rebateu ele, irritado também.

Laura mordeu o lábio para não dar uma resposta malcriada. Será que ele não podia ter ligado para ela durante o recreio? E será que não podia parecer feliz por ela estar na mesma cidade que ele, a cinco minutos de sua casa?

– Bom, vou passar alguns dias em casa. – Laura decidiu que era melhor não continuar com a guerra fria e lidar apenas com fatos. – Quer me ver?

Tom deu outro suspiro, e dessa vez foi um suspiro tão fundo que os pelos da nuca de Laura se eriçaram de medo.

– Claro que eu quero. Mas, pô Laura, você por acaso passou por um transplante de personalidade enquanto estava em Londres?

– Não, que saco...

Laura decidiu parar por aí e continuar apenas com os fatos.

– Vamos parar de nos xingar e combinar alguma coisa? Qual é a boa do fim de semana?

– Não vai ter nada de mais. Acho que o Johnny vai dar uma festa de aniversário no clube de golfe amanhã à noite.

Laura achou que Tom estava um pouco estranho. Se ele houvesse planejado ir a essa festa com outra menina, como por exemplo aquela piranha da Marina Holloway, ela ia arrancar a cabeça dele fora.

– Não precisamos decidir nada agora – continuou ele. – Você só está em casa há cinco minutos.

– Cheguei aqui há mais de vinte e quatro horas. – Laura tentou deixar claro que estava chateada com ele por ter demorado a ligar. – A gente podia combinar com o pessoal de comer alguma coisa antes.

– Beleza.

– Será que você poderia demonstrar um pouco de entusiasmo? Talvez você possa até fingir que está feliz por eu estar de volta, em vez de agir como se isso fosse uma inconveniência enorme.

Por um segundo, Laura pensou na possibilidade de desligar o telefone. Mas foi só por um segundo, porque, se fizesse isso, aquela droga de briga ia durar mais do que os longuíssimos três dias que já estava durando.

– Olha, foi mal por ter sido tão chata com você daquela outra vez. Você sabe como eu fico quando estou de mau humor.

Tom fez uma pausa antes de falar.

– Na verdade, eu não sei, não, porque você nunca costumava ficar de mau humor. Nem quando estava no *Quero ser modelo*. Já nesse último mês...

– Cada hora eu sinto uma coisa diferente, e nunca é uma coisa boa – completou Laura. – Sei que tenho agido de um jeito meio doido ultimamente, mas é que... calma aí, tem alguém tocando a campainha lá embaixo.

Laura enfiou a cabeça para fora da porta do quarto.

– Mãe! A campainha!

Ninguém respondeu. Por que será que aqueles dois colocavam o volume da televisão tão alto?

– Mãããããaeeeeeeee!!!!!

Laura desistiu de chamar a atenção de seus pais e começou a descer a escada, ainda falando com Tom.

– Não sei como a mamãe e o papai se viram quando eu não estou aqui – resmungou ela para o namorado. – Olha, me desculpe, tá? Desculpe, desculpe, desculpe. Não sei mais o que dizer.

– Acho que captei a mensagem – disse Tom.

Laura abriu a porta da frente de sua casa e deu de cara com ele parado ali fora, com o celular colado ao ouvido.

– Quis continuar falando para a gente poder ter essa cena romântica. Não parece coisa de filme?

– Só se for um filme bem cafona. – Laura desligou o telefone e se atirou nos braços de Tom. – Achei que você ia terminar comigo, seu monstro.

O gato de Laura, que estava chegando em casa após passar um dia duro se espreguiçando ao sol, ficou chocado ao ver o beijão que os dois deram no meio da rua. Ele passou o rabinho por entre as pernas de Laura para demonstrar sua desaprovação.

Mas era tão bom estar ali enroscada com Tom. Era como se Laura houvesse finalmente chegado em casa. Tom acariciou a nuca de Laura e passou os dedos pelas pontas repicadas de seu cabelo antes de dar uma série de beijos devastadores em seu pescoço. Ele não era o único que estava fazendo explorações com as mãos e a boca; Laura acariciou as costas de Tom e beijou sua clavícula, para poder sentir bem o cheiro dele. Como ela tivera saudades daquele cheiro acolhedor de menino.

– Vamos lá para cima – sussurrou ela. – Assim, podemos fazer as pazes direito.

– E os seus pais? – perguntou Tom, enlaçando-a e andando abraçado com ela, como se os dois fossem gêmeos siameses.

– Estão vendo *Desperate Housewives* com a porta fechada.

Quinze minutos se passaram antes que Tom ou Laura dissessem outra palavra. Suas bocas ficaram coladas uma na outra durante quase todo esse tempo, até que finalmente eles precisaram se afastar um pouco para tirar algumas peças de roupa.

Os olhos de Tom estavam fixos em Laura conforme ela tirava a blusa. Ela teria ficado zangada se ele não houvesse demonstrado tanto fascínio.

– Achei que você ia estar diferente, que ia agir como uma modelo internacional, e que eu ia ficar com medo de tocá-la – disse ele suavemente. – Mas gostei do seu cabelo.

Ele devia ser a única pessoa do mundo que havia gostado, com exceção de Giuseppe e Heidi.

– Valeu. Mas eu sei que parece que meu cabelo caiu de um prédio de vinte andares bem em cima da minha cabeça. Ele não combina nada comigo – Laura deu um sorriso sarcástico. – E você não precisa nunca ter medo de me tocar.

– Jura?

Ao perguntar isso, Tom soou muito inseguro, o que não era comum. Naquele momento, seu rosto estava na penumbra, o que o fazia parecer mais jovem do que era, e mais vulnerável.

Laura puxou-o para perto de si, para a luz, e aquele olhar de menininho assustado que ela mal suportava ver mudou para uma expressão mais familiar: uma cara bem safada. Aquilo, ela conseguia encarar.

– Então, quer que eu toque você? – brincou Tom, com os olhos cheios de desejo. – Que interessante.

– Pode parar com essa pose de conquistador. – Ela acariciou o rosto dele com os dedos. – Cara, que saudades que eu estava de você. Foi por isso que não telefonei muito, porque sentia mais sua falta quando falava com você.

Não era uma completa mentira. Só mais ou menos.

Tom abaixou a cabeça, tentando esconder um sorriso de satisfação.

– Sabe, acho que ainda temos meia hora antes que sua mãe perceba que eu estou aqui no seu quarto e que pretendo fazer coisas terríveis com a filha única dela.

Laura fingiu que estava olhando para o relógio.

– Só trinta minutos? Melhor começar a fazer essas coisas terríveis, não temos muito tempo.

Laura não tinha sentido falta só de Tom, mas daquilo também. Da maneira como eles se abraçavam, como suas pernas se enroscavam, como suas bocas se tocavam. De todas as bobagens que diziam no ouvido um do outro. Ela sentira saudades de ser a namorada dele.

E daí que ela havia corrido para casa em vez de ir para a agência ouvir que era gorda demais e levar uma bronca por ter rasgado o casaco? Ela não ia passar nem mais um segundo se preocupando com seu peso, ou com Heidi, ou com os trabalhos que não estava conseguindo. Nada disso. Ia curtir aquela temporada em Manchester, sair com suas amigas, beber um pouco, dançar um pouco, beijar *muito*. Só ia voltar a se angustiar lá para a frente. Não ia estragar o tempo que tinha com Tom ficando emburrada e introspectiva. "Como você é *emo*", teria dito

Candy com um sorriso sardônico. Até Hadley lhe diria que só Botox acabava com rugas de preocupação. "E é uma solução temporária, meu bem."

Laura estava com uma sensação estranha no rosto. Havia algo diferente. Ela estava sorrindo. Sorrindo de verdade, pela primeira vez em semanas.

– Por que você parou de me beijar? – perguntou ela a Tom, ainda sorrindo de orelha a orelha. – Me dê um beijo *agora*!

– Por que você está tão feliz? – perguntou Tom, passando os dedos pelo que restava do cabelo dela.

Laura enlaçou o pescoço dele.

– Por nada. Por tudo. Ei, você não ia voltar a me beijar?

# Capítulo dez

Laura era sempre a última a chegar. Mesmo antes de ficar mais ou menos famosa, ela possuíra uma capacidade incrível de chegar quinze minutos atrasada em todos os lugares, e por isso sempre causava sensação com sua entrada. Tom não passava mais para buscá-la em casa, pois tinha ficado cansado de esperar que Laura decidisse que roupa ia usar. Mas, na opinião de Laura, já que era para fazer os outros esperarem, então que o resultado fizesse o atraso valer a pena.

Ela estava usando um vestidinho branco bordado *vintage*, que havia encontrado nas barraquinhas de roupas usadas do Mercado de Portobello, sobre uma *legging* preta e sapatilhas prateadas. Laura até colocara uma faixa de cetim rosa na cintura, que na verdade era a fita de uma das caixas de presente que ela ganhara da Sparkle. Se ela não houvesse jurado que só pensaria "naquilo" quando a semana acabasse, então estaria considerando seriamente a possibilidade de usar aquela roupa nos testes.

Laura seguiu o garçom pelo restaurante, que na verdade era uma lanchonete disfarçada de um lugar moderninho. Num dos bancos semicirculares da lanchonete estava sua galera: Jen e Paul, tão grudados que pareciam ter sido unidos cirurgicamente; Chris estava dando em cima de Chandra, que fingia não perceber; e Cath e Dan brigavam, porque afinal era só isso que os dois sabiam fazer.

Laura ficou parada esperando que todos olhassem para ela e então fez uma pose. Nada demais; só colocou a mão na cintura e deixou a cabeça pender um pouco para a esquerda.

– E aí, pessoas, sentiram minha falta?

Parece que tinham sentido mesmo, pois em um milésimo de segundo ela já estava sendo espremida por três pares de braços.

– Que roupa é *essa*? – quis saber Cath, depois de dar um grito ao ver o cabelo de Laura. – É tipo uma Lolita gótica?

Laura ajeitou sua faixa de cetim.

– É tipo o que a Miu Miu mostrou no desfile de primavera-verão.

– Como é que é?

Meu Deus, ela estava falando a linguagem do mundo da moda fluentemente! Até que enfim aquele papo de "tendência", e "isso é muito Marc Jacobs" havia entrado na sua cabeça.

– O que eu quero dizer é que acho que todo mundo estará usando isso no verão, e também achei que ia ser uma roupa confortável para dançar. A Summer, do *The OC*, usa umas roupas como essa.

Jen assentiu devagar e olhou com insegurança para o jeans e a camiseta que estava usando.

– Aposto que todo mundo em Londres se arruma todo dia.

– Na verdade, não. Bom, a Candy e a Hadley sim, mas a Irina... ela é da Rússia, eu já contei isso, não contei? Bom, ela usa coisas do tipo calça de nylon com meias de lã. E quando ela vai aos testes comigo, os estilistas sempre acham que aquele é o *look* dela. É tão idiota.

– Espero que a festa de hoje seja glamourosa o suficiente para você – brincou Chandra.

Laura não disse nada por alguns segundos, tentando entender se Chandra estava tirando um sarro. Será que ela estava falando como aquelas modelos metidas, parecendo ser boas demais para sair com as amigas?

– Eu ainda sou a mesma pessoa, certo? – disse ela após algum tempo. – Vocês sabem disso, não sabem?

– E quem mais você ia ser, sua vagabunda? – Cath mostrou o dedo médio para Laura. – Pode acreditar que se você estivesse dando uma de diva, a gente ia falar logo. E depois íamos vender na internet aquele vídeo de você cantando "Pretty fly for a white guy" no karaokê.

– Mas vocês não têm meus direitos de imagem! – Laura riu, fingindo preocupação. – Vou mandar meus advogados atrás de vocês.

– Fala sério! – Cath soltou uma gargalhada. – Vamos sentar, estou morrendo de fome.

Laura se sentou ao lado de Tom e olhou ao redor, para se certificar de que nada de estranho ocorrera em sua ausência. Mas então ela viu um menino e uma menina que deviam ter sentado naquela mesa por engano. Os dois eram louros, tinham os olhos azuis e pareciam muito à vontade conversando com seus melhores amigos.

– Quem é essa gente? – Laura perguntou baixinho para Tom, zangada. – Por que ninguém me falou deles? Eles parecem dois nazistas de filme.

– Vai um veneno aí? – sussurrou Tom.

Ele se inclinou para a frente e limpou a garganta.

– Cassie, James, essa é a Laura, minha namorada. Laura, esses são a Cassie e o James; a gente conheceu os dois no show do Camera Obscura no mês passado.

– Cara, foi tão engraçado. – Jen se meteu na conversa. – Os cabides da chapelaria caíram e a gente teve de catar nossos casacos, que ficaram todos embaralhados. A Cassie tinha exatamente a mesma jaqueta que eu, sabe aquela verde da New Look? E teve de sair correndo atrás de mim pela St. Anne's Square para pegar a dela de volta.

– Ah, oi. Legal, você tem um gosto muito bom para jaquetas – elogiou Laura.

Ela nunca sabia muito bem o que dizer quando era apresentada a novas pessoas. Candy em geral dizia "Que sapatos lindos!", mas Laura não conseguia ver os pés de Cassie nem de James, pois eles estavam debaixo da mesa.

– Então você é a famosa Laura? A gente viu você no programa – disse Cassie.

Laura teve certeza de que não estava imaginando coisas. O tom de voz de Cassie mostrou presunção e desprezo, e ela passou as mãos por seus belos e sedosos cabelos louros como quem dizia "Você pode ser modelo, mas eu sou muito mais bonita". Até parece.

– Prazer – disse o namorado dela, que imediatamente voltou a falar de futebol com Dan.

– A Cassie trabalha naquela lojinha linda, e pode pegar as roupas com um desconto enorme – informou Chandra, enquanto olhava o menu. – A gente vai pedir logo? Os garçons estão ficando desesperados.

Cassie podia ter um desconto na lojinha linda, mas Laura logo percebeu que ela era uma grande furada. Às vezes, ela achava que tinha um radar no topo da cabeça, que imediatamente apitava quando havia uma escrotinha no pedaço. Pelo menos, a menina tinha namorado, senão Laura ia começar a se preocupar com Tom. Não com Tom em si, mas com o fato de ele estar andando tanto com uma menina como Cassie, que era uma cobra disfarçada de menininha loura de sombra com purpurina.

– Há quanto tempo vocês estão namorando? – perguntou Laura docemente. – Parece que a coisa é séria.

Não foi uma pergunta tão engraçada assim, por isso Laura não entendeu quando todo mundo riu, como se ela houvesse acabado de contar uma piada hilária.

– Que nojo! A Cassie e o James são irmãos! Eles são gêmeos, sua maluca! – Jen quase desmaiou de tanto rir.

Eles eram gêmeos e Laura é que era maluca? Pelo menos, ela não dividira o útero de sua mãe com mais ninguém.

– Que bobagem a minha. – Laura encostou em Tom para deixar claro que ele já podia parar de rir.

Cassie deu um sorriso amarelo, como quem já estava acostumada a ver os outros acharem que ela e seu irmão eram um casal.

– Não tem problema – suspirou ela, ajeitando seu garfo e sua faca em cima da mesa. – Acontece o tempo todo, não é, Tom?

Tom continuou a rir, mas não explicou por que o comentário havia sido dirigido a ele. Laura já estava pensando nas piores possibilidades quando Cath, que havia entendido tudo telepaticamente, a salvou.

– A gente pode pedir, ou eu devo começar a morder a toalha da mesa? – perguntou ela.

Foi um pouco exagerado e não muito convincente, mas funcionou. Os dez minutos seguintes foram dedicados aos pedidos, enquanto eles calculavam quantas porções de batatas fritas seriam suficientes para todos. Laura finalmente relaxou e pediu que Tom lhe servisse mais vinho.

– Tudo bem? – perguntou ele, acariciando as costas da mão dela com o dedo. – Isso aqui é *cool* o suficiente para você?

Laura forçou um sorriso.

– O que você acha que eu ando fazendo em Londres? Passo minhas noites brigando com a Irina pela posse do controle remoto e tentando entrar no banheiro nos poucos segundos em que a Hadley não está enfiada lá dentro. Isso aqui está muito mais divertido, pode acreditar.

Tom se aproximou dela e lhe deu um beijo tão doce que Laura não se incomodou mais com o fato de que não ia poder comer sobremesa.

A vida é feita de pequenas coisas. Ficar de mãos dadas com Tom, ouvir Chandra e Jen rindo sobre as toucas de natação retrô que haviam comprado e que tinham flores bordadas, ver Dan jogando azeitonas para o ar e pegando a maioria com a boca. Laura sentiu o rosto quente de alegria, mas talvez fosse porque ela tomara uma taça de vinho com o estômago vazio e porque havia inúmeras velinhas em cima da mesa. Ela estava pensando na felicidade que sentia quando percebeu que o garçom a olhava, pronto para anotar seu pedido.

– Quero a Salada Caeser, por favor. Mas a pequena, sem molho e sem croutons.

– Meu Deus, a Laura virou anoréxica – anunciou Chandra depois que o garçom foi embora.

Laura não ficou surpresa, porque sabia que Chandra tinha tomado duas taças de vinho e que ela ficava bêbada facilmente. Dali a duas horas, ia vomitar em cima de um pobre coitado qualquer.

– Não estou anoréxica – retrucou Laura num tom gélido. – Só estou tentando comer direito.

– Se a gente pedir uma porção de batata frita de entrada, vai ser tentação demais para você? – quis saber Jen.

– Não seja idiota – disparou Laura, sem conseguir se controlar. – Vocês estão me achando gorda?

– Não, você é magra – afirmou Cath, que vestia tamanho 44. – E está sempre linda.

– A Laura é magra, mas não é magra como as outras modelos – comentou Chandra, que definitivamente não ia ganhar nenhuma das roupas que os estilistas dariam para Laura. – As modelos são sempre uns seis, sete quilos mais magras do que uma pessoa magra normal.

– Exatamente – Laura assentiu enfaticamente. – Não quero ficar parecendo um pirulito, mas as roupas que mandam as modelos usar são tamanho 36, às vezes 34.

– Quem no mundo usa tamanho 34? – perguntou Tom, que não entendia bem do assunto. – Isso é possível?

– A Jacinta veste 34, mas a mãe dela é das Filipinas, então não conta. E a Victoria Beckham veste tamanho zero!

– Mas você está comendo direito, não está? – perguntou Jen, pegando um pedaço de pão de maneira desafiadora. – Não está vivendo de Coca light e cigarros, está?

Laura se recostou em Tom, que lhe apertou a coxa com a mão para impedi-la de voar no pescoço de Jen.

– Que coisa imbecil de perguntar, Jen.

Nesse momento, Laura recebeu apoio de uma fonte bastante improvável.

– Todas as modelos têm de tomar cuidado com o que comem – disse Cassie. – Tenho uma amiga em Nova York cuja irmã é modelo, e ela é *muito* mais magra do que você.

Que ódio. Ela ia pagar. Não naquele minuto, pois Laura não conseguiu pensar em absolutamente nada para retrucar. Mas aquela tal de Cassie tinha virado a número 1 de sua lista negra em menos de quinze minutos. Devia ser um recorde mundial. Laura foi forçada a guardar sua vingança para mais tarde.

Quando a comida chegou, a situação já havia voltado ao normal. Laura não queria tirar onda de quem sacava tudo do mundo da moda, mas eles não paravam de fazer perguntas. Depois que ela contou tudo o que sabia sobre Candy e Hadley (e garantiu à atônita Chandra que só metade dos podres eram descobertos pelas revistas de fofocas), todos quiseram saber como ia sua carreira espetacular.

Laura falou da sessão que fizera para a Sparkle (as meninas deram ataques ao saber dos cachorrinhos), mas então ficou sem assunto. Ela decidiu não relatar todos os horrores da sessão da *Skirt* e depois começou a pensar no que poderia dizer para manter a atenção de todos focada dela. Até Cassie estava prestando mais atenção em Laura do que no hambúrguer de soja em seu prato.

A intenção de Laura não era exagerar nem mentir, mas lhe pareceu mais fácil trocar os nomes de algumas de suas histórias. Assim, alguns dos trabalhos que Irina conseguira passaram a ter Laura como protagonista. Afinal, suas amigas não iam nunca comprar a *Vogue* japonesa e nem a *Ja*, que era a revista de moda mais vendida na Rússia.

– Não tem nenhum problema não falar a mesma língua que eles – explicou Laura, se empolgando. – Todos os fotógrafos dizem "Amei, amei, olhos bem grandes, ótimo". Acho que deve haver algum livrinho que eles distribuem com as palavras mais usadas no mundo da moda.

– E você fica com as roupas depois? – perguntou Jen, mastigando um monte de batatas fritas. – Esse vestido é de algum estilista?

Laura deu uma risadinha melancólica. Se não conseguisse ser modelo, quem sabe ela não virava atriz.

– Não, ele é *vintage* – admitiu ela. – A gente não fica com as roupas. Elas são só emprestadas pelos estilistas, mas às vezes dá para comprar com desconto. Mesmo assim, custam uma fortuna.

– É, mas logo você vai poder comprar, já que está arrumando tantos trabalhos – observou Tom. Ele nunca se mostrara tão orgulhoso de Laura. Nem quando ela tinha fingido entender a regra do impedimento. – Parece que você vai ficar mesmo por lá quando o ano acabar.

– Vamos ver – despistou Laura.

Cara, ela ia ter muito a explicar se fosse demitida da agência por ter rasgado mais alguma roupa.

– Você já foi à Rússia ou ao Japão? Sempre quis visitar Tóquio – disse Cassie.

Para algum desavisado, poderia parecer um comentário inocente. Mas Laura estava ligada.

– Não é preciso viajar para tirar fotos para as revistas estrangeiras – explicou ela calmamente, como se Cassie fosse uma retardada incapaz de compreender a maneira como o mundo da moda funcionava. – Londres é um dos centros de moda. Muita gente vem aqui para tirar fotos.

– Mas é que...

*Cale a boca, cale a boca!*, pensou Laura.

– Isso é meio segredo, mas eu devo ir para Nova York daqui a mais ou menos um mês – improvisou ela, que parecia ter engolido uma pílula que a estava obrigando a mentir sem parar. – Há muitos clientes lá que querem me conhecer. Mas, olha, eu não aguento mais me ouvir falar desse assunto, e vocês já devem estar aborrecidos também. Que tal vocês me dizerem de novo o quanto sentiram saudades de mim?

Laura gostaria de ter tanta autoconfiança (ou seria cara de pau?) quando ia aos testes. Sua mão estava tremendo um pouco quando ela pegou a taça de vinho para tomar o último gole.

– Tem certeza de que está bem? – sussurrou Tom em seu ouvido, indicando a mão trêmula de Laura. – Está parecendo tensa desde que chegou.

– Não estou acostumada a ser o centro das atenções.

– Até parece! Você sempre amou isso! – brincou ele, beliscando a ponta do nariz de Laura, embora ela já houvesse dito um milhão de vezes que odiava aquilo. – Minha *top model*.

– Cuidado, eu sou quase da mesma altura que você – avisou Laura.

Ela pegou a carteira dentro da bolsa, pois o garçom já havia colocado a conta em cima da mesa. Se Cassie dissesse que Laura é quem ia pagar tudo porque ela estava ganhando mais dinheiro do que todo mundo, ia levar o resto do *brownie* que comera na cabeça.

Deus existia mesmo, e ele não estava zangado com Laura por ela ter quebrado o nono mandamento umas cem vezes. A prova era que Cassie entrou no outro táxi quando eles estavam a caminho da grande festa de aniversário de Johnny no clube de golfe. Laura jamais gostara daquele menino, pois ele a comparara a uma girafa numa excursão do colégio para o zoológico. Tudo bem que ele tinha onze anos na época, mas Laura continuava sendo doze centímetros mais alta do que ele.

Todos deram um suspiro ao entrar na sala de recreação do clube, onde estava ocorrendo a festa. Laura preferia morrer naquele momento a ser obrigada a fazer uma festa tão tosca quanto aquela para comemorar seus dezoito anos.

Alguns balões e decorações de papel achavam-se pendurados em pontos estratégicos da sala. Havia uma mesa com sanduíches desmanchados e jarras de suco de laranja. Pelo menos, havia um bar, mas quem estava no comando era um grandalhão de camiseta rosa de decote em V que jogava golfe com o pai de Laura. Ela não ia nem poder se embebedar sem que seu pai ficasse sabendo.

O pior de tudo eram os outros convidados da festa, em sua maioria hordas de crianças hiperativas que haviam comido açúcar demais e estavam correndo por entre as mesas e tentando derrubar as poucas pessoas que dançavam. E ainda por cima tinha um monte de gente mais velha também.

– A festa está bombando – atestou Tom, desanimado, olhando para trás.

Os outros tinham desaparecido, provavelmente para fumar um cigarro escondido em algum lugar do campo de golfe.

– Acha que é tarde demais para ir correndo atrás dos táxis? – perguntou ele para Laura.

– Que horror. Não consigo nem olhar – gemeu Laura. – Aquela mulher está usando uma saia tão curta que dá para ver a calcinha dela.

– Vamos encontrar o Johnny, dar o presente dele e sair daqui. – Tom sabia ser bastante decisivo em momentos de crise. – Cinco minutos. Dez, no máximo.

Laura agarrou a mão de Tom e entrelaçou seus dedos nos dele, para que os dois não fossem separados por um pestinha qualquer. Tom não olhou nem para a esquerda, nem para a direita, mas marchou na direção do bar, arrastando Laura e sacudindo no ar a caixa de chocolates que eles haviam comprado numa lojinha de posto de gasolina a caminho da festa.

– Cadê o Johnny? – perguntou ele aos homens que estavam bebendo cerveja por ali, todos baixinhos e com cara de rato, como o aniversariante.

Um deles indicou uma porta aberta à esquerda.

– Ele e os amigos estão ali – grunhiu o homem.

Laura viu que suas sapatilhas estavam grudando no chão nojento e estremeceu. O local mostrado pelo homem era uma pequena antessala no final de um corredor, onde alguém colocara uma mesa de DJ e dois amplificadores, para que o som do baixo deixasse todo mundo surdo. As maiores piranhas do colégio onde Laura costumava estudar dançavam como as Pussycat Dolls. Laura realmente estava vendo um monte de calcinhas naquela noite.

– Lá está ele. – Ela apontou para o lado oposto da sala.

O elusivo Johnny estava virando um copo de cerveja, incentivado por uma turma de homens das cavernas.

– Por que achamos que essa festa ia ser boa? – perguntou Laura. Esse cara é só um animal que a gente conhece desde criança.

Tom deu de ombros e pegou no cotovelo de Laura, para afastá-la de uma menina que estava rebolando com tanta força que corria o risco de deslocar o quadril.

– Ele é legal de vez em quando. Só gosta de se mostrar quando seus amigos estão por perto.

– Deixa quieto – disse Laura.

Ela se manteve afastada enquanto Tom se aproximava de Johnny, que lhe deu um forte abraço e um tremendo tapa nas costas, para que ninguém pensasse que ele era gay. Como se algum gay no mundo fosse querer aquele menino.

– Tom, meu *brother*! – exclamou ele, olhando para Laura.

Ela conseguiu desfazer sua careta e até acenou, embora de maneira não muito entusiástica.

– Laura! Vem cá, sua magricela!

Bom, pelo menos ele tinha usado um adjetivo um pouco menos ofensivo. Laura chegou mais perto, mas não muito, porque se Johnny derramasse cerveja em seu vestido branco, ela teria de matá-lo, apesar de ser aniversário dele.

– Feliz aniversário, Johnny – desejou ela automaticamente, pegando um cartão de dentro da bolsa. – A gente escreveu isso no táxi, então não deve estar muito legível.

Johnny segurou o cartão com imensa reverência, como se ele fosse uma relíquia sagrada.

– Vocês compraram um cartão para mim? – perguntou ele, pasmo. – Não precisava!

Laura lançou a Tom um olhar que perguntava: "Quantas cervejas ele já tomou?".

– Espero que você esteja se divertindo. – Nesse momento, ela odiou o fato de seus pais terem lhe dado uma educação tão boa. – Olha, agora você pode votar!

Johnny deu um abraço suarento em Laura que quase a fez vomitar.

– Nem acredito que você apareceu, Laura! – Johnny parecia estar à beira das lágrimas.

Laura ficou muito espantada, pois ele não costumava tratá-la tão bem. Tom não veio resgatá-la, pois estava procurando duas cervejas dentro de um isopor.

– Bom, eu vim passar a semana aqui e não podia deixar de vir à sua festa. – Ela saiu delicadamente do abraço. – A gente se conhece desde a quinta série, né?

Johnny coçou seu enorme nariz e fez uma cara de safado.

– Não trouxe suas amigas modelos, trouxe?

E assim Laura entendeu por que Johnny estava sendo tão simpático com ela.

– Não, infelizmente. Elas tiveram de ficar em Londres, mas eu implorei para virem. – Ela pegou uma cerveja das mãos de Tom e ignorou o olhar que ele lhe lançava. – Só vim eu mesma. Foi mal.

Johnny havia parado de prestar atenção em Laura quando percebeu que ela era a única modelo da festa. Ela não tinha mais nada a dizer a ele, a não ser que falasse da história da girafa ou lembrasse da ocasião em que Johnny tinha feito xixi nas calças, durante o auto de Natal que eles haviam encenado no colégio, e tentado esconder a poça com a manjedoura do menino Jesus.

– Divirta-se! – desejou Johnny, sem conseguir pensar em nada mais original.

– Você também – disse Laura docemente. – Tenha um ótimo aniversário.

Ela viu Cath e Jen do outro lado da sala e foi para perto delas.

– Ai, tive de dar um abraço de aniversário no Johnny – gemeu ela. – Vou precisar me desinfetar quando chegar em casa.

– O baixinho está bebendo cerveja suficiente para acabar com alguém com o dobro do tamanho dele. – Cath fez com que as outras duas sorrissem. – Há quanto tempo a gente não fica de veneninho assim?

Tempo demais.

– Não saiam daí – pediu Laura. – Preciso fazer pipi.

– Quer dizer que as modelos vão ao banheiro também? Estou desiludida – brincou Jen.

Laura pensou em mostrar os dedos médios para a amiga, mas seu estômago quase vazio estava encharcado de vinho e cerveja e ela precisava achar um toalete. Ela entrou no fim da enorme fila que saía do banheiro feminino e se estendia corredor abaixo.

Após dez torturantes minutos, estava quase na vez de Laura. Ela deu pulinhos e contraiu bastante todos os músculos da pélvis, pois estava prestes a... não, era horrível demais para imaginar. Laura ouviu uma descarga e um trinco de porta sendo aberto e deu um passo ansioso à frente, quando Chandra e Cassie passaram por ela e ficaram paradas na entrada do banheiro.

– Ei, tem fila – observou Laura, mesmo sabendo que as duas precisariam ser cegas para não ver as dezenas de mulheres esperando para entrar. – Eu sou a próxima.

As duas meninas se viraram no mesmo segundo e olharam com fúria para ela.

– Estou quase morrendo, Laura – disse Chandra desafiadoramente. – Vou demorar só um segundo.

Laura podia ter deixado passar, mas sabia que estava ainda mais apertada do que elas.

– Olha, eu estou esperando há horas, assim como todo mundo...

Uma menininha acabava de sair do banheiro, estremecendo de medo.

– Eu fui o mais rápido possível! – afirmou ela.

– ...então vocês vão ter de ir para o final da fila – continuou Laura, que tinha nervos de aço quando estava desesperada para ir ao banheiro.

– Bela amiga você é! – Chandra empertigou-se para que Laura pudesse ver como seus ombros eram largos e como seu tomara que caia estava quase arrebentando. – Não me desrespeite, Laura.

Ai, meu Deus. Chandra ficava muito má quando estava zangada.

– Eu não estou desrespeitando você. – Laura parecia muito mais calma do que estava na verdade. – Mas você precisa esperar sua vez.

Teria sido ótimo se uma das dez mulheres que também estavam na fila houvesse sido solidária a Laura bem naquele momento, mas todas tinham ficado subitamente mudas. Laura deu um passo na direção do banheiro que, embora não estivesse muito limpo, parecia-lhe o paraíso. Mas sua entrada foi barrada por Cassie, que colocou o braço na porta.

– Já saquei qual é a sua. – Ela deu um sorriso sarcástico. – Você acha que é melhor do que todo mundo só porque ganhou um concurso vagabundo na televisão.

– Não acho, não! – exclamou Laura, olhando feio para Chandra e deixando claro que ela ia pagar por ser tão falsa.

Chandra nem se abalou.

– Acha, sim! – insistiu ela. – Sempre achou. Você é a única que pensa que é o máximo, Laura. Até o Tom...

– Até o Tom o quê?

Por mais incrível que parecesse, aquela situação horrível tinha acabado de ficar bem pior. Cassie e Chandra se olharam de um jeito cúmplice e maldoso e, se todos os líquidos corporais de Laura não estivessem em sua bexiga, ela teria começado a suar frio. Laura deu mais um passo à frente, feliz por ter 1,75 metro de altura e por poder olhar de cima para as duas.

– Tom o quê? – repetiu ela num tom baixo e ameaçador.

Cassie não perdeu a calma.

– É como a Chandra disse. Ele não pareceu achar que você era o máximo quando estava me agarrando.

Antes que Laura conseguisse digerir aquela notícia catastrófica, Cassie continuou.

– Você era a menina mais feia daquele programa! Eu vou ao banheiro agora, a Chandra vai também, e eu espero que você mije nas calças!

Uma mão gorducha empurrou o ombro de Laura, fazendo com que ela deslizasse na direção da pia, e Cassie e Chandra desapareceram dentro do banheiro.

*Eu não vou chorar*, pensou Laura, massageando o quadril e tentando não olhar para as outras meninas da fila, que haviam deixado de ser mudas e começado a sussurrar "Você ouviu o que ela disse?" e outras frases afins.

E o pior de tudo era que Laura *ainda* precisava ir ao banheiro e ia ter de ficar ali suando frio e esperando para olhar de novo na cara das duas maiores vagabundas da história de Manchester. Elas provavelmente seriam capazes de fazer xixi no assento da privada, só para sacaneá-la.

Laura ouviu a descarga de novo e as duas saíram, triunfantes, fazendo questão de segurar a porta para ela.

– Pode ir, Majestade. – Cassie riu e bateu com o ombro no de Laura enquanto ela entrava correndo no banheiro. – Viu, você precisa fazer xixi como os outros mortais. Agora, eu vou procurar o Tom.

Não era tão ruim assim. Laura poderia abrir mão da amizade de Chandra sem muitos problemas, e Cassie estava mentindo. Ela *tinha* de estar mentindo, porque Tom jamais faria aquilo com ela e, se ele tivesse feito, Jen e Cath teriam lhe contado. Aquela seria apenas uma história engraçada para contar para Candy quando ela voltasse para Londres, decidiu Laura, cuidadosamente espalhando papel higiênico pelo assento da privada. Afinal, aquelas duas deviam ter um monte de doenças contagiosas. Depois de tudo aquilo, Laura ainda demorou alguns segundos para conseguir relaxar o suficiente e cuidar do seu problema.

Felizmente, Chandra e Cassie não estavam esperando do lado de fora para o segundo round, ou seria o terceiro round? Laura ignorou os olhares curiosos que lhe lançavam, lavou as mãos, olhou rapidamente para seu reflexo no espelho e passou pela fila de mulheres, que havia dobrado de tamanho, louca para encontrar alguém que lhe explicasse que diabos havia acontecido nos últimos dois meses.

Laura já passara por situações piores – sendo que a maioria delas tinha sido mostrada na televisão. Então, por que havia mais lágrimas escorrendo pelo seu rosto do que gotas caindo das Cataratas do Niágara? Ela estava quase tendo convulsões por causa da discussão, dos xingamentos e do olhar de puro ódio que Cassie lhe lançara ao bater nela de propósito. E quanto a Chandra? Ela ia ter algumas surpresinhas. Laura podia estar morando em Londres, mas ainda era popular o suficiente para pedir alguns favores que fariam do último ano de Chandra no colégio um inferno.

Laura atravessou a pista de dança e foi na direção de Jen e Cath, que estavam encostadas num amplificador. Ela esfregou os olhos com as mãos, tentando limpar o rímel que escorrera. Era melhor manter a calma. Obviamente, aquela tal de Cassie queria roubar o namorado das outras porque tinha sérios problemas de caráter. E lábios finos. Francamente, quando o assunto era sacanear os outros, Cassie era uma amadora se comparada a Irina ou a Candy. Cath e Jen saberiam lhe dizer o que havia acontecido de verdade e ela lidaria tranquilamente com a situação.

– O que está acontecendo aqui?! – gritou Laura, com um pouco menos de tranquilidade do que imaginara. – Por que vocês estão andando com aquela vadia de boca fina?

Cath abraçou Laura num segundo.

– Você está falando da...

– Quantas vadias de boca fina a gente conhece? – disse Jen, falando alto por causa da música. – A gente está de olho nela, pode deixar – continuou ela com raiva, olhando por cima do ombro, como se Cassie fosse se materializar ali do lado. – Está tudo sob controle.

Aquilo não era um bom sinal. Na verdade, era um péssimo sinal. Além do mais, era muito difícil abraçar Cath, pois Laura estava tão tensa que achou que seus braços iam se partir ao meio.

– O que está sob controle? – perguntou Laura com os dentes cerrados, embora no fundo já soubesse a resposta.

– O Tom – disseram Cath e Jen em uníssono.

– O que tem ele? O que ele fez?

– Ele foi a vítima. A Cassie achou que, como a namorada dele estava em Londres, isso significava que ele podia fazer todas as vontades dela. Você sabe como ele é, Laura. O Tom não sabe dizer não a ninguém.

– Eu vou *matar* esse menino!

Cath deu um tapinha no braço de Laura para consolá-la, mas aquilo a fez se sentir ainda pior. Qualquer toque era insuportável quando ela estava à beira da fúria homicida. Que bom que não tinha nenhum machado ali por perto.

– Ele não tem noção – explicou Jen calmamente. – O Tom só pensa em cinco coisas: em você, em futebol, em passar no teste da autoescola, em entrar em Oxford ou em Cambridge e em futebol de novo. Não está acostumado com meninas falsas que querem roubar o namorado das outras.

– É, ele é burro demais para sacar as coisas que ela estava fazendo – concordou Cath.

– Coisas? Que coisas?! – quis saber Laura, num tom tão estridente que algo em sua garganta pareceu se romper.

– Você sabe, *coisas* – disse Jen, quase exasperando Laura com seu discurso enigmático. – A Cassie estava fazendo coisas. Coisas que as vagabundas que roubam namorados fazem. Olhando para a boca dele quando ele falava com ela...

– Tocando no braço dele o tempo – completou Cath.

– Ah, e uma vez ela deu um tapinha na bunda do Tom quando ele passou por ela, mas tinha muita gente em volta e eu acho que ele nem notou.

Jen deu um sorrisinho amarelo, como se não houvesse problema em alguém tocar na bunda do Tom, contanto que ele não percebesse. Mas havia. A única pessoa que podia encostar naquele traseiro era Laura.

Laura respirou fundo para tentar se acalmar, mas foi a mesma coisa que jogar um copo d'água num incêndio florestal.

– Eu *sabia* que ele estava aprontando alguma! – exclamou ela. – Sabia!

Mas era mentira. Laura nem tinha pensado nessa possibilidade, pois estava cada vez mais obcecada consigo mesma e só conseguia se preocupar com o nível de flacidez de diversas partes de seu corpo.

– Como ele não notou que ela meteu a mão na bunda dele? A bunda dele não é coberta de Teflon! E a Cassie falou que o Tom a agarrou. O que quer dizer que eles se beijaram. Eles se beijaram? Vocês viram alguma coisa? – perguntou Laura, batendo o pé no chão como uma criança. – Eu percebi que ela era uma vadia assim que bati o olho nela.

– Mas você é uma *top model!* – protestou Jen, passando um braço suado por cima dos ombros de Laura. – Como se ela pudesse competir com você! Vamos falar de outra coisa, ou dançar mais um pouco?

– Eles se beijaram?

Por que ela estava se repetindo tanto? E por que Jen e Cath se olhavam daquele jeito? Laura estava cansada de ver os outros trocarem olhares quando ela fazia perguntas.

– Ai, meu Deus, eles se beijaram! – concluiu Laura.

Cath estava dando tapinhas no braço de Laura de novo.

– Olha, Laura, não faz um escândalo por causa disso. – Ela começou a perder a calma. – Pode até ter rolado alguns beijinhos, mas eu tive uma conversinha com Cassie e disse que era melhor ela cair fora. Esquece isso.

Mas Laura não ia esquecer de jeito nenhum.

– Por que vocês não me contaram?

As pessoas em volta estavam começando a olhar para as três, embora aquela fosse uma conversa privada, que não era da conta de ninguém. Laura agarrou um dos pulsos de cada amiga e arrastou-as até o corredor, embora Jen tenha tentado se soltar ao longo de todo o trajeto.

– Você está fazendo uma tempestade num copo d'água – reclamou Jen, massageando o pulso com um olhar de reprovação. – Estava tudo sob controle. Não havia motivo para chatear você.

– Sou eu quem decide isso, não vocês – disse Laura, indignada. – Vocês deviam ter me ligado.

– Tudo bem, tem razão – concordou Cath, deixando Laura satisfeita, apesar de não soar muito convincente. – Mas aí você ia ter de retornar a ligação, e isso não é uma coisa que você faz muito bem.

Laura olhou para Cath como se houvesse ectoplasma saindo das narinas dela.

– Eu retorno ligações! Quer dizer, quase sempre. Eu tenho estado muito ocupada!

Muito ocupada em não fazer nada.

– Deixa quieto. – Jen deu de ombros. – Você não estava aqui, e eu e a Cath achamos melhor não envolvê-la na situação.

Laura pensou em bater o pé de novo, mas apenas cerrou os punhos com toda a força.

– Mas eu estou no centro dessa situação! – disse ela.

– E quando é que você *não* está no centro de uma situação? – gritou Cath subitamente, dando alguns passos à frente e se aproximando de Laura. – É só você, você, você. Cara, você não me fez uma pergunta a noite inteira! Não quis saber nada da minha vida. Então foi mal se eu e a Jen não queríamos que você desse um ataque por causa de uma coisa que estava sob controle!

Elas três tinham bebido demais. O rosto de Cath e Jen estava vermelho e cheio de raiva e, pelo calor que sentia nas bochechas, Laura imaginou que devia estar igual. Mas dessa vez Laura se encontrava isolada na discussão, e ela não estava acostumada com isso.

Laura não pensava só em si mesma. Mas é que *tudo* acontecia com ela! Ela não estava mais vivendo aquela vidinha de ir ao colégio, fazer dever de casa e sair para uma noitada por semana, como Cath e Jen. A carreira dela podia estar demorando a começar, mas Laura era uma modelo mesmo assim. Ela era a mais bonita e o problema era que as outras duas não sabiam lidar com isso.

– Aposto que está sendo ótimo não me ter por perto para chamar toda a atenção – disse Laura, furiosa.

Aquela noite estava sendo cheia de surpresas, e descobrir que suas duas melhores amigas neste mundo se viravam muito bem sem ela não fora a pior de todas.

– Foi por isso que vocês não me contaram – continuou ela. – Estavam loucas para me ver cair do pedestal.

– Você nunca estava num pedestal, pode acreditar – retrucou Jen. – Nós estávamos *mesmo* fazendo o que era melhor para você. Mas eu nem sei por quê, pois você conseguiu ficar ainda mais convencida do que já era, e olha que isso é um feito e tanto!

– Convencida, não – corrigiu Cath rapidamente ao ver a boca de Laura se escancarando. – Mas você é um pouco mimada, Laura. Além do mais, devia estar tendo essa discussão com o Tom, não com a gente.

Laura estava cansada de ouvir todo mundo fazendo uma lista de seus defeitos. Ela passara dois meses vendo Heidi fazer isso, e agora suas duas melhores amigas pensavam que podiam lhe dizer insultos na cara. E só Deus sabia o que elas deviam andar falando pelas suas costas.

– Não estou espantada de a Cassie ser a nova melhor amiga de vocês, já que eu sou tão chata assim. – Laura tentou mostrar desprezo, mas pareceu chata e petulante. – Vejo vocês mais tarde. Ou não, sei lá.

– Não seja ridícula – disse Cath.

Mas Laura não se virou. Ela abriu a porta que dava para a escada de incêndio e desabou sobre um dos degraus.

Laura abraçou os joelhos e torceu para que não fosse óbvio que ela estava quase caindo em prantos, pois havia um grupo de pessoas fumando um baseado no gramado e todos olhavam para ela. Em Londres ninguém a conhecia, mas ali ela era a celebridade local. A que chegara no topo. A que estava numa ótima, e todas aquelas frases clichês que não faziam o menor sentido quando sua vida se desmanchava como o casaco que ela rasgara havia alguns dias.

Laura limpou os olhos com a barra do vestido, vendo seu rímel negro destruir a brancura do bordado branco. Estava tudo uma bagunça, e ela não sabia como consertar nada.

– Laura! Finalmente achei você.

Ela ergueu o rosto e viu Tom por entre as lágrimas. Naquele momento, devia estar muito mais feia do que Cassie.

– Ei, o que foi? – perguntou ele suavemente, agachando-se ao lado dela e pegando-lhe as mãos geladas. – Por que você está chorando?

– Elas disseram... – começou Laura.

Mas ela não pôde completar a frase, pois aquilo não tinha acontecido. Se o dissesse em voz alta, ia virar realidade.

– Quem disse o quê?

Laura esfregou os olhos furiosamente com as costas da mão e se obrigou a dizer o resto.

– Tive uma briga com a Jen e a Cath – explicou ela com a voz embargada.

Tom ficou imediatamente preocupado e desviou o olhar do de Laura.

– Qual foi o motivo da briga?

– Várias coisas. A Cassie... – Laura observou-o, vendo se ele mordia a isca.

Tom não apenas mordeu a isca, mas começou a se remexer freneticamente, como um peixe que acabara de ser fisgado. Ele largou as mãos dela, coçou o pescoço e encarou-a com os olhos arregalados.

– Elas contaram? Mas elas disseram que não iam contar!

Laura estava ficando cada vez menos satisfeita com aquela conversa.

– O que está acontecendo? – perguntou ela.

– Quem disse para você que tinha alguma coisa acontecendo? – disse Tom.

Era como um exercício idiota da aula de teatro, em que cada participante tinha de parecer mais ansioso do que o outro.

– O que está acontecendo?! – repetiu ela.

Pronto, ela havia ganhado o concurso de ansiedade. Era engraçado, mas Laura não estava mais com vontade de chorar. Ela encarou o namorado com os olhos subitamente secos e o coração aos pulos.

– Responda, Tom.

Laura soube o que Tom ia dizer antes que ele abrisse a boca. Por causa do jeito como hesitou, como se estivesse pensando numa maneira de contar tudo que não soasse tão horrível. Só que ele não conseguiu achar nenhuma maneira.

– Eu fiquei com a Cassie – confessou ele.

Durante longos segundos, Laura ficou apenas olhando para o rosto de Tom, que mostrava que ele estava arrasado. Arrasado por ter feito coisas que jamais deveria ter feito. Com *ela*. Trair. Enganar. Destruir. Palavras feias, horríveis, que eram insuficientes para descrever o que ele acabara de fazer com seu coração.

Tom estava esperando Laura dizer alguma coisa, mas ela só conseguiu dar um sorriso alegre que fez suas bochechas doerem.

– Sabe, você podia ter negado tudo e eu teria acreditado em você.

– Mas não aconteceu nada. Quase nada – disse Tom com a voz rouca.

Ele tentou pegar a mão de Laura, o que a deixou feliz, pois era uma desculpa para bater nos dedos dele. E machucá-lo.

– Por favor, me deixe explicar – pediu Tom.

Laura ficou de pé com algum esforço.

– Não há nada para explicar. Quem você acha que me contou? A própria Cassie. Parabéns, Tom, ela é um ótimo partido para quem gosta de piranhas traiçoeiras e invejosas. E você obviamente gosta.

Foi um discurso e tanto. Tom pareceu achar isso, pois o rosto dele começou a se contorcer e, quando ele se levantou e seu rosto foi banhado pela luz que havia acima da porta, Laura viu-lhe as lágrimas presas aos cílios.

– Você não entendeu nada – disse ele, mas então foi interrompido pelo grupinho de maconheiros que estava se aproximando.

– Ei, Tom, ei, Laura – chamou um deles. – Vocês estão brigando?

– Não estamos brigando – respondeu Laura docemente, fazendo os ombros de Tom relaxarem de alívio. – Estamos terminando.

O tempo se acelerou e tudo se tornou uma sequência de imagens rápidas: Tom colocando a mão no ombro de Laura e ela se afastando dele. As expressões de perplexidade de Cath e Jen ao verem Laura pegar sua bolsa e sair dali. Até Chandra ousou se aproximar de Laura quando ela chegou na porta da frente, e então deu um passo para trás ao ver a fúria em seu rosto.

O tempo só voltou ao normal quando Laura começou a descer a colina que levava de volta à cidade enquanto procurava o celular dentro da bolsa. Graças a Deus, foi seu pai quem atendeu, não sua mãe. Ele a ouviu balbuciando que precisava de uma carona, mandou-a esperar no posto de gasolina da esquina e em dez minutos já se encontrava ali. Ele deve ter enfiado o pé no acelerador durante todo o trajeto. O aquecedor estava ligado e o carro, bem quentinho, mas mesmo assim Laura não conseguiu parar de tremer.

– É bom você melhorar essa cara – aconselhou o pai. – Ou sua mãe vai querer saber o que aconteceu.

Laura acendeu a luz de dentro do carro e olhou para o reflexo de seu rosto vermelho no espelho, sem saber o que fazer. Ela molhou um lenço com a língua para limpar os traços de rímel de suas bochechas e então colocou um pouco de base na pele.

– Quer conversar? – perguntou o pai dela.

Laura achou aquilo fofo, mas viu que ele estava em pânico com a possibilidade de ter de falar sobre uma situação adolescente que provavelmente o deixaria desnorteado. Ela balançou a cabeça e pegou o celular, que estava emitindo um toque alegre. O nome de Tom apareceu na tela. Laura desligou o aparelho.

– Quando a gente chegar em casa, se alguém ligar, diga que eu não posso atender – murmurou ela. – Diga que já fui dormir.

Então Laura fechou os olhos, para que seu pai compreendesse que ela não queria falar mais nada. Só que sua mãe não tinha tanto respeito assim por sua privacidade. Apesar de Laura ter tentado esconder que havia chorado, ela percebeu assim que a viu e começou a fazer um monte de perguntas que a deixaram cada vez mais triste.

– Você brigou com o Tom? Ou com uma das meninas? O telefone não para de tocar. Você chorou? Está com cara de quem chorou. Não quer me contar o que aconteceu? Você estava tão alegre quando saiu; não posso imaginar o que pode ter acontecido em tão pouco tempo. Vou fazer um chá e aí a gente pode conversar – disparou ela, sem respirar nenhuma vez.

Às vezes, Laura se perguntava se sua mãe já havia trabalhado para alguma agência de inteligência, pois ela possuía uma capacidade extraordinária para interrogar as pessoas.

– Não quero chá – retrucou Laura, com a voz rouca por ter chorado tanto. – Só quero ir me deitar.

– Que tal um pouquinho de chocolate quente com *marshmallow*, então? Eu também fiz um bolo de frutas hoje...

Ela era incansável. Laura só conseguiu fazer um gesto vago, que poderia significar "sim", "não", ou "cale a boca", e sair devagar da cozinha.

Não eram apenas táticas para evitar sua mãe (embora isso fosse parte do motivo). Laura também estava exausta, e mal teve forças para trocar de roupa antes de desabar na cama. Não queria pensar em nada; nem em Tom, nem em Cassie, nem no fato de que agora existia um Tom & Cassie, e não apenas um Tom & Laura. Ou em por que ela havia decidido passar uma semana em casa. Era bem mais fácil se enroscar em seu edredom e simplesmente cair no sono.

# Capítulo onze

Laura já estava dormindo havia quase quinze horas quando sua mãe bateu insistentemente na porta e entrou no quarto com uma bandeja de café da manhã. Nem aquela maravilhosa terra do esquecimento chamada sono podia competir com o cheiro de bacon e café fresquinho. Laura levantou da cama e franziu a testa.

– Você só traz meu café na cama quando é meu aniversário – disse ela, bocejando.

E, quando Laura estava prestes a reclamar com sua mãe, dizendo que sanduíches de bacon não constavam de nenhuma dieta que conhecia, ela se deu conta de que a) os sanduíches estavam pingando molho; e b) ela queria mais do que tudo no mundo ser modelo. Muito mais do que jamais quisera antes.

Talvez fosse a primeira vez na história que um sanduíche de bacon houvesse levado alguém a ter uma epifania tão assombrosa, mas era verdade. Laura não tinha mais nada. Não tinha mais Tom, porque ele andara beijando aquela vagabunda vendedorazinha de loja. Não tinha mais suas amigas. E já perdera aulas demais para poder voltar à escola sem precisar repetir de ano. Ser bonita era sua única vantagem. Laura tinha de dar certo como modelo, pois sua vida dependia disso.

Ela fez uma careta involuntária e lágrimas começaram a saltar de seus olhos.

– Ah, meu amor. – Sua mãe se sentou na cama. – Por que você não me conta o que aconteceu?

– Eu e Tom terminamos – revelou Laura, sabendo que jamais se acostumaria a dizer aquilo. – Ele andou ficando com uma piranha horrível...

– Olha o palavrão!

– Tudo bem, com uma *vaca* metida, então. E ele... ele... como ele pôde fazer isso?

– Tome seu café – ordenou-lhe a mãe, empregando a tática mais eficiente de seu arsenal: o cafuné. – Vai se sentir melhor depois de comer um pouco. Puxa, Laura, você tem o corpo lindo. Como alguém no mundo pode achar que você precisa perder peso?

Laura empurrou a bandeja para longe com uma força de vontade que não sabia possuir.

– Sabe quantas calorias tem uma fatia de bacon? – perguntou Laura, embora ela própria não soubesse (mas com certeza eram muitas). – Mãe, eu vou voltar para Londres hoje. Vou ter vários trabalhos em breve e preciso me preparar.

Mentiras contadas aos pais para que eles a deixassem em paz não valem como mentiras de verdade. Mesmo assim, ela ainda precisou passar três horas implorando, ameaçando e prometendo antes de conseguir entrar no trem que ia para a capital. Laura torceu para que sua relação com sua mãe fosse forte o suficiente para sobreviver àquela briga, pois nem um beijo de despedida ela ganhou. Sua mãe apenas disse friamente:

– Feche o casaco. Parece que vai chover.

Mas Laura não se importava com a insatisfação da mãe. Já a insatisfação de Heidi era outra coisa. Laura tinha o número do celular dela, embora só devesse ligar para ela em caso de emergência.

Heidi havia insistido muito nesse ponto. Mas retomar sua carreira *era* uma emergência. Pelo amor de Deus, né?

Um banheiro de trem podia não ser o lugar mais auspicioso para fazer sua reentrada no mundo da moda, mas Laura não tinha opção. Por que será que algumas pessoas se achavam boas demais para dar descarga?

– Oi, Heidi. É a Laura – disse ela, o mais alegremente que pôde. – Desculpe por estar ligando no domingo.

– Você precisa me dar várias explicações. Não gostei nada desse seu sumiço.

Que droga! Heidi não tinha ficado nem um pouco mais simpática depois daqueles dois dias de separação.

– Eu ia ligar para você do meu celular, mas é que, é... ele quebrou. Minha mãe teve um problema e eu precisei voltar para casa de repente...

– Você está voltando para Londres? Acho bom estar – disse Heidi com grande ênfase, o que Laura encarou como um bom sinal. – Precisamos conversar.

– Não podemos conversar pelo telefone? – perguntou Laura, quase implorando. – Tipo, desanuviar o ambiente? Eu quero muito mesmo ser modelo e só queria que você soubesse dis...

– Não vou falar sobre isso agora, Laura. Eu e o Ted queremos ver você amanhã de manhã. Às 8h30. Pode acreditar que eu também não vou gostar nada de ter de acordar de madrugada. Mas você vai estar lá, se souber o que é bom para você.

– Vocês não vão me demitir, vão? – perguntou Laura num gemido angustiado, sem conseguir se controlar. – Ai, meu Deus, se vocês estiverem pensando em me demitir, por favor, não façam isso!

– Falamos disso amanhã – insistiu Heidi com firmeza. – Eu tenho uma vida social também e vou me ocupar dela agora.

Obviamente, o que quer que fosse que Ted e Heidi tivessem a dizer a Laura faria mais efeito se eles pudessem vê-la se desmanchando em lágrimas ao vivo e em cores.

– Tudo bem, vejo você amanhã de manhã. – Laura tentou soar alegre novamente, mas não foi muito bem-sucedida.

Parecia que aquele não ia ser um retorno triunfal a Londres, para que Laura pudesse voltar a ocupar o trono de princesa que lhe era de direito. Ia ser a ocasião em que seu sonho seria destruído de uma vez por todas.

# Capítulo doze

Laura passou a noite em claro na cama de seu quarto de Londres, que continuava sendo pequena demais para ela, e finalmente decidiu se levantar às seis da manhã. Qualquer coisa era melhor do que ficar parada vendo as sombras aumentando na parede e sentindo raiva de Tom. E raiva de si mesma por estar com saudades dele.

Ninguém tinha passado no supermercado durante a ausência de Laura e não havia nada para comer no apartamento, a não ser uma barra de cereal que ela encontrou no fundo de um dos armários. Mas Laura apenas tentava escapar do inevitável. Estava na hora. Aquele era o momento de tirar seu celular da bolsa e ligá-lo pela primeira vez desde sábado à noite.

Ele imediatamente começou a apitar, vibrar e emitir luzes, como um emissário eletrônico do mundo das trevas. Havia 23 mensagens em sua caixa postal, 47 mensagens de textos e 84 ligações não atendidas. Deve ter sido assim que Pandora se sentiu ao abrir sua caixa.

Nas primeiras mensagens, Tom perguntava freneticamente onde Laura estava e jurava por todos os santos que podia explicar tudo. Mas depois ele passou a usar um tom que indicava raiva contida, dizendo que a culpa era toda de Laura. Ela fora para Londres, parara de retornar as ligações dele e, quando retornava, estava sempre de mau humor. Ela praticamente o atirara nos braços de Cassie. No domingo à tarde, ele já havia se acalmado mais e disse: "Nós somos dois idiotas. Ligue para mim, Laura, porque esse silêncio não vai resolver nada". E, no domingo à noite, ele havia desistido de vez: "Você podia pelo menos ter tido a coragem de falar comigo, mas encarar a realidade nunca foi muito a sua, né?".

Entremeadas com as mensagens que mostravam as mudanças de humor de Tom havia recados de Jen e Cath tentando explicar por que haviam decidido não contar nada para ela. "A gente nunca achou que você fosse descobrir. Então não tinha motivo para dar todos os detalhes e deixar você chateada. E você não é *tão* convencida," disse Cath, que tagarelou por tanto tempo que a mensagem foi cortada. Mas ela ligou de novo e continuou, tentando desesperadamente salvar a própria pele.

Ah, e tinha uma mensagem de Candy perguntando como é que se usava o liquidificador. Laura poderia ter dado uma risada se não estivesse arrasada demais, chorando baixinho para não acordar as outras.

Ela estava começando a ler as mensagens de texto, que diziam mais ou menos as mesmas coisas que as de voz só que com palavras abreviadas, quando ouviu uma das portas se abrindo. Laura enfiou o celular entre duas almofadas do sofá e tentou fazer uma expressão indiferente ao ver Hadley aparecer na sala.

Foi uma alegria ver que a Miss Califórnia acordava com o cabelo desgrenhado e a cara amassada. Na verdade, ela parecia estar com uma ressaca horrível, o que foi confirmado quando exclamou:

– Preciso de água!

Hadley estava com uma vontade tão grande de beber água que nem se deu ao trabalho de abrir a geladeira para pegar a filtrada, mas simplesmente agarrou uma caneca e encheu-a com a da torneira. Laura continuou a mordiscar sua barrinha de cereal e a tentar não chorar, mas, infelizmente, Hadley havia acordado com vontade de conversar.

– Estou tão desidratada – anunciou ela, se atirando numa poltrona. – As margaritas da Candy são letais.

Laura sabia que alguém tinha bebido e feito bagunça no apartamento até as duas da manhã, pois ouvira o barulho. Ela assentiu sem muito entusiasmo e se concentrou num pedacinho de pele branca que havia no tornozelo de Hadley, onde o bronzeamento artificial não pegara direito.

– Por que você acordou tão cedo? Arrumou algum trabalho? Que sorte – disse Hadley, que não deixava nem uma ressaca acabar com sua capacidade de tagarelar. – Não consigo nem ser presa. Literalmente. Nem quando sou fotografada fazendo besteira bêbada.

– Por que na vida você quer ser presa, Hadley? – Laura se distraiu sem querer com as maluquices de sua colega de apartamento.

– Pô, para sair no jornal. Meu assessor de imprensa está tentando vender essa imagem de que eu sou rebelde, mas ele chama de outra coisa, em francês. Infanto...

– *Enfant terrible* – completou Laura, dando um pequeno sorriso e percebendo há quanto tempo não usava aqueles músculos. – Você devia voltar para a cama e dormir até a ressaca passar.

Hadley fez uma careta. Sem a maquiagem e os produtos de cabelo que passava uma hora aplicando todos os dias, ela parecia uma fotografia desbotada, uma sombra da garota cintilante que sempre era.

– Acho que vou vomitar daqui a pouco – confessou Hadley, abraçando as pernas. – Mas me fala, você estava chorando?

– Claro que não! – garantiu Laura automaticamente.

– Eu choro o tempo todo – disse Hadley, que tinha perdido toda a reserva depois de beber tanta tequila. – Mas choro no banheiro, para vocês não escutarem.

– Por que você chora? – perguntou Laura, que nunca tinha imaginado que Hadley era profunda o suficiente para ter emoções genuínas.

Hadley fez um gesto vago.

– Sei lá, o de sempre. Tipo, eu sinto saudades de Los Angeles e do Mr. Chow Chow, meu chihuahua; minha mãe está tomando conta dele, mas ela é uma pessoa muito fria. E eu penso em como costumava ser famosa. Eu era uma estrela, e agora as pessoas acham que morri de overdose numa festa da *Playboy*. O George me mostrou um artigo num site que dizia isso.

Laura não soube bem o que responder, pois nunca tinha sido uma estrela.

– Eu sinto saudades do Coronel Meowington – admitiu ela. – É o meu gato. E, bom, sinto saudades das minhas amigas de vez em quando.

Não naquele momento, mas em geral ela sentia, sim.

– Eu amo aquele quadrinho de fotos que você tem no quarto – disse Hadley. – Com aquelas festas de aniversário e sei lá mais o quê. Sabe, nunca tive uma festa de aniversário de verdade quando era criança, com bolo e presentes que as pessoas tivessem escolhido. Minha mãe sempre chamava os fotógrafos e fazia uma lista de presentes na Saks para, sei lá, colares de diamantes. Eu sempre queria ir numa lanchonete fazer uma coisa normal, mas ela ficava furiosa comigo. Cara, como ela se irritava!

Laura lembrava de todas as festas de aniversário da sua vida, e de como sua mãe levara horas e mais horas fazendo bolos de chocolate de três andares e escolhendo brindes para distribuir para seus amigos.

– Mas deve ter sido legal ganhar colares de diamantes.

– Só que eu nunca podia ficar com eles. – Hadley bocejou. – Acho muito legal você ter aquelas fotos dos seus amigos. De repente, vejo se acho uma foto do Mr. Chow Chow na internet.

Estava na hora de ir embora. Se Laura esperasse mais cinco minutos, ia se atrasar. Só que agora não estava apenas sentindo pena de si mesma, mas de Hadley também, que parecia ter tido a mãe mais horrível do mundo.

– Eu terminei com meu namorado – confessou ela, sem pensar. – Ele me chifrou, e minhas amigas sabiam e não me contaram. Foi por isso que eu estava chorando.

Hadley se inclinou para a frente, excitada.

– Cara, que droga! – disse ela, com a mesma cara de espanto que fizera nos pôsteres do filme *Menininha perdida* e de suas duas continuações, sendo que todas tinham sido lançadas diretamente em DVD. – Se eu tivesse um namorado e ele fizesse isso comigo, eu ia dizer para todos os jornalistas que ele era viciado em drogas.

Hadley precisou parar para pensar.

– Bom, mas eu tenho um namorado. – Ela achou melhor se explicar direito, caso Laura estivesse na dúvida. – O George é meu namorado, e eu tenho certeza de que ele nunca ia chegar numa menina pelas minhas costas.

Se Laura ainda tivesse alguma dúvida de que aquela Coca era Fanta, ela havia acabado de desaparecer.

– Não acho que os jornalistas iam se interessar em saber se o Tom é viciado ou não – disse ela. – Mas, de repente, pode servir para ele ser expulso do time de futebol da escola. Além do mais, meus olhos estão inchados, eu estou com uma espinha enorme no queixo e preciso ir agora para a Fierce levar o maior esporro.

Mas Hadley não estava mais ouvindo.

– Que saco! – Ela bocejou mais uma vez. – Vou voltar para a cama.

Laura não ficou muito espantada com aquela falta de tato, já que era com Hadley que estava conversando.

– Eu vou nessa. – Ela se levantou. – Melhor você tomar mais um pouco de água, aí não vai se sentir tão mal da próxima vez em que acordar.

Hadley já estava saindo da sala.

– É, sei lá.

Laura fechou a bolsa e abriu a porta da frente. Ela não estava num dia muito bom para ver sua vida ser destruída. Bom, o que restava da sua vida.

– Ei, Laura, espere!

Laura se virou e viu que Hadley estava descendo a escada correndo atrás dela, embora o shortinho e o top que vestia fossem mais apropriados para Malibu do que para Camden. Hadley alcançou-a e enlaçou-a antes que Laura pudesse reagir.

– Esqueci de desejar boa sorte para você – disse ela. – Às vezes, eu sou muito autocentrada.

Laura soltou um grito, pois as mãos de Hadley pareciam dois blocos de gelo.

– Você deve estar morrendo de frio. Volte lá para dentro.

– Não, foi por isso que eu vim atrás de você. – Hadley mostrou as duas latas de Coca light que estava segurando. – Elas estão muito geladas.

– Ah, que bom. – Laura perguntou-se se Hadley por acaso tinha tomado várias drogas ontem à noite junto com as margaritas. – Valeu, vou tomar quando eu voltar.

Hadley deu uma risadinha.

– Não seja boba. Não é para você tomar. É para pôr nos olhos, assim eles vão ficar menos inchados. Meu maquiador da época do *A casa da Hadley* dizia que é garantido.

– Que fofo, Hadley! – disse Laura, apesar de saber que ia ter de se virar para se segurar no metrô com duas latas de Coca nos olhos. – Valeu mesmo. Depois a gente se vê.

Hadley acenou de leve e subiu as escadas.

Heidi estava esperando do outro lado da porta da frente, com uma expressão mal-humorada.

– Oi, cheguei – anunciou Laura com grande animação, embora não fosse necessário fazê-lo.

Heidi colocou algo nas mãos dela.

– Vista isso e depois vá até a sala de conferências.

Era um biquíni preto e um sapato de salto alto. Obviamente, eles não iam se contentar em obrigar Laura a subir na balança – ia ser mais humilhante ainda.

Pelo menos, o salto alto fazia suas pernas ficarem mais longas e finas. Laura contraiu a barriga até quase não poder mais respirar e tentou entrar na sala de conferências com um ar confiante.

– Ah, Laura, finalmente vou conhecer você – disse o famoso Ted.

Para surpresa de Laura, o sotaque dele era de Manchester. Ela teria ficado com saudades de casa se não estivesse tão concentrada em contrair os músculos do abdômen. Ted estava com uma camisa polo preta e óculos de CDF, e tinha um ar arrogante. Que surpresa!

– Vá se olhar no espelho e me diga o que você acha – pediu ele.

Uma das paredes da sala de conferências era um imenso espelho, iluminado pelo sol que entrava pelas enormes janelas em frente. Laura foi obrigada a atravessar a sala e se observar.

Laura tinha vocação para ficar na frente do espelho, mas jamais fizera isso de biquíni, e nunca com uma luz tão cruel. Ela estremeceu minimamente e viu, horrorizada, sua barriga fazer várias ondas por causa do movimento. E, o que era pior, viu que tinha mesmo umas gordurinhas que cobriam um pouco a calcinha do biquíni. Laura virou-se de costas e quase morreu ao perceber que havia os primeiros sinais de celulite na parte posterior de suas coxas. Ela havia engordado.

Como isso era possível? Era possível porque, embora Laura não houvesse comido nenhum carboidrato nos últimos três dias e sempre caminhasse na esteira quando sentia vontade (o que não era muito comum), ela não fizera nenhum esforço para comer menos besteira.

– Venha para cá, Laura – ordenou Ted, fazendo um gancho com o dedo.

Quando Laura chegou perto dele, o mesmo dedo lhe deu um cutucão na barriga.

– Oi – murmurou Laura, porque parecia grosseiro não cumprimentar uma pessoa, mesmo que ela estivesse avaliando o nível de gordura de seu corpo.

– Tudo bem, querida? – Ted cutucou-lhe os pneuzinhos.

Laura já estava com vontade de arrancar aquele dedo, mas achou melhor se concentrar numa pinta no ombro de Kate Moss, bem visível na enorme foto em preto e branco da modelo que havia atrás de Ted.

– Não vai ser necessário medir nada. Está tudo muito claro. Ela tem curvas naturais, mas quase tudo isso aqui é gordurinha de adolescente! – diagnosticou Ted triunfalmente. – Não vai ser muito difícil de queimar.

– Mas eu tenho malhado – afirmou Laura num lamento. – Quer dizer, quase todo dia.

Heidi olhou desconsolada para a barriguinha de Laura, como se ela fosse pessoalmente responsável por todos os males do mundo, incluindo o aquecimento global e o programa *Laguna Beach*.

– Eu falei com o Gustave, o *personal* de Laura, e ele disse que você quase nunca anda na esteira e, quando anda, nem chega a suar. A gente já conversou sobre isso. Eu fui bem clara.

Laura ficou chocada com aquela injustiça. Será que o Gustave não tinha feito uma espécie de juramento de Hipócrates? Como ele falava assim da vida dela para todo mundo?

– Eu tenho tentado – insistiu Laura, acreditando no que dizia. – Mesmo. Já cortei várias refeições, e o que mais posso fazer além de enfiar o dedo na garganta?

Ted imediatamente fez uma cara seriíssima.

– Isso pode acontecer nas outras agências, mas nunca aqui na Fierce. Entendeu, Laura?

Laura ficou tão envergonhada que até sua barriga enrubesceu.

– Entendi. – Ela percebeu que ou contava uma mentira ou piorava ainda mais sua situação toda vez que abria a boca. – Desculpe.

Ted deu um sorriso amável, embora Laura não merecesse.

– Então, meu bem, quanto chocolate você come?

Laura estava prestes a jurar que nem sabia o que era chocolate, batata frita ou salsichas, mas Ted olhava para ela com uma cara de quem já tinha ouvido todas as desculpas do mundo.

– Duas ou três barras por dia – admitiu Laura.

– Se você fizesse três refeições saudáveis por dia e um ou dois lanches e malhasse direito, ia perder todo esse peso – insistiu Heidi.

Mas era fácil para ela dizer aquilo. Heidi era uma daquelas mulheres minúsculas que provavelmente tinham de comprar roupas de criança para caber nelas direito.

– Se você quiser ser modelo, se quiser *mesmo*, então vai precisar fazer alguns sacrifícios. Ou você come chocolate o dia inteiro, ou vira modelo. Não dá para fazer as duas coisas.

Nunca mais comer chocolate? Laura ficou zonza só de pensar.

– Tudo bem – disse Laura com uma determinação que surpreendeu até ela mesma. – Vou perder peso de uma maneira sensata. E vou malhar como uma louca, pode deixar.

– Você ia ser ótima para moda praia e lingerie... – comentou Ted.

Laura fez uma careta horrível, como se houvesse acabado de comer um pote inteiro de iogurte desnatado.

Ela não era a Gisele Bündchen nem a Heidi Klum. Ia acabar sendo modelo de calcinha para alguma revista cafona. Se fosse mesmo ser modelo, Laura queria usar roupas lindas e tirar fotos que teria orgulho de ostentar em seu book.

– Mas é que... eu quero modelar alta-costura – implorou ela, ignorando a expressão cética de Heidi se concentrando no rosto encorajador de Ted. – Sei que consigo, se vocês me derem outra chance.

E Laura não estava dizendo aquilo só porque tinha medo de voltar para Manchester com a palavra "fracassada" tatuada na testa, para que Cassie e Chandra, e até Jen e Cath, pudessem fazer fila para rir da cara dela. Nem de longe. Era porque agora que ela estava prestes a perder tudo, sentiu aquilo de novo; aquilo que sentia quando passava suas tardes no shopping tentando ser descoberta por uma agência de modelos. Ela queria ser modelo. Queria ser a próxima Kate Moss, uma musa, uma inspiração. Queria tirar fotos parecidas com as que tirava das revistas e pregava na parede. Se ela conseguisse algum trabalho, ia ser a melhor modelo que já existira.

– Isso é mesmo o que você quer, Laura? – perguntou Ted gentilmente. – Porque você não parece tão motivada quanto algumas das outras meninas. A Irina, por exemplo, tem uma verdadeira fome por ser modelo.

Irina tinha fome por qualquer coisa que houvesse dentro da geladeira, principalmente se o nome de Laura estivesse escrito nela.

– Não fale em ter fome – disse Laura.

Ted deu uma risadinha e coçou o queixo com uma caneta.

– Olha, se você mostrasse esse senso de humor nos testes, tenho certeza de que essa seca ia virar uma enxurrada de trabalho.

Tudo tem a ver com a maneira com que você se comporta. – Ele mostrou a foto de Kate Moss fazendo biquinho que estava pendurada na parede ali atrás. – A Kate era baixinha demais, mas ela tinha atitude. A Irina tem um queixo bastante proeminente, mas ela sabe disfarçar isso quando está tirando fotos. Toda modelo tem defeitos, mas as bem-sucedidas sabem escondê-los.

De repente, Laura podia praticar na frente do espelho e ver quais poses a deixavam mais magra, e se tirassem fotos dela de perfil em vez de...

– Bom, agora que já falamos sobre o seu peso...

A voz de Ted fez com que Laura acordasse de um sonho em que usava um lindo vestido preto Louis Vuitton que acentuava suas curvas, mas não demais, porque ela estava posando meio de lado. Ela ergueu o queixo para demonstrar que estava prestando atenção enquanto Ted e Heidi discutiam a nova estratégia que iam usar para lhe arrumar trabalhos e a mandavam fazer muitos exercícios abdominais.

– Mas, meu amor, mesmo que você perca uns sete quilos, só vai ter um mês para dar um jeito na sua vida antes de nós desistirmos de você.

Ted não achava necessário ser gentil quando o assunto era trabalho. Ele aproveitou-se do fato de que Laura estava em choque com o que acabara de ouvir para seguir em frente.

– Não estou achando que você vai ser capa da *Vogue* ou conseguir uma campanha de um milhão de libras, mas quero que você malhe bastante, fique mais motivada e deixe de se achar mais esperta do que a gente.

Que coisa mais injusta. Laura não se achava mais esperta do que ninguém. Ninguém mesmo.

– Eu sou motivada! – guinchou Laura com indignação, perguntando-se se eles não a ouviram implorar para continuar a ser modelo. – E não me acho esperta.

Heidi se desencostou da parede com ar de enfado, cruzou os braços e lançou um olhar de desprezo para Laura.

– Você tem muito pouca experiência como modelo e se acha esperta, sim.

– Eu ganhei um concurso que procurou modelos no país inteiro – lembrou Laura. – Tirei fotos durante doze semanas enquanto estava participando do programa. Acho que isso conta como experiência.

– Pronto, já está se achando esperta de novo – disse Ted, irritado. – Laura, eu vou lhe dizer algumas verdades desagradáveis e você vai me odiar por isso. Mas aí ou você vai superar o trauma ou vai voltar para casa e contar para todo mundo como essa gente do mundo da moda é malvada. A escolha é sua.

Ted fez uma pausa, como se estivesse esperando que Laura lhe desse permissão para arrasá-la. Por um segundo, Laura pensou em ir embora dali, pois sabia que aquela conversa ia avaliar as profundezas da sua alma. Mas, mesmo que eles quisessem que ela fizesse um juramento solene afirmando que queria ser modelo, ela toparia. Mesmo se tivesse de fazer isso só de biquíni numa sala de conferências com o ar-condicionado ligado no máximo e com todos os pelos do corpo eriçados de frio.

– Manda – disse ela, esperando que Ted não fosse muito cruel.

– Você é bonita. Os meninos a desejam. As meninas querem ser como você. Ser bonita significa que você sempre foi a menina de melhor aparência no mundinho em que habitava. Mas agora você está no mundo real, e só ser bonita não vai adiantar para lhe arrumar trabalhos. Não foi por ser bonita que você ganhou o *Quero ser modelo*. Nós tínhamos três preferências e você não era nenhuma das três. Na verdade, nossa favorita era a Nemi.

Antes que Laura tivesse tempo de pegar os caquinhos do chão, Ted continuou a destruí-la. O dia dela já estava horrível, e não eram nem nove horas da manhã.

– Você ganhou porque é a audiência quem elege a vencedora, e a audiência não sabe nada sobre o que uma modelo precisa ter. Os telespectadores gostaram de você porque é engraçada, desafiou os juízes, e tem uma beleza fácil de entender, que não é muito exótica e nem muito desafiadora. Entendeu, Laura? Você ganhou porque tem personalidade.

Heidi decidiu atacar também.

– Se você mostrasse um pouco dessa personalidade nas entrevistas que faz, ia conseguir trabalhos. Mas você só abre a boca para dizer que ganhou aquele maldito programa, como se isso fosse impressionar todo mundo. Você não tem ideia de como posar quando está tirando fotos, o fotógrafo tem sempre que dirigi-la sem parar e, quando eu faço alguma crítica construtiva, você só faz cara feia.

Laura nunca tinha tido tanta vontade de fazer uma cara feia na vida.

– Se eu sou mesmo tão ruim assim, nem sei por que vocês ainda vão me dar um mês.

Ela havia tentado soar como alguém que estava pouco ligando, mas percebeu que sua voz tinha saído como a de uma criancinha mimada. Mesmo. O que não era de admirar, já que seu mundo havia acabado de virar de cabeça para baixo. Laura sempre acreditara no poder de sua beleza. Ela era sua razão de ser.

– Porque nós achamos que você pode ser uma boa modelo, se nós não desistirmos – disse Ted, mas Laura mal o ouviu, tão confusa estava. – E eu ouvi dizer que as curvas vão entrar na moda de novo.

– Você quer dizer alguma coisa? – perguntou Heidi gentilmente, mostrando um novo lado de sua personalidade.

Laura balançou a cabeça. Estava tão paralisada que nem conseguia chorar. Que maravilha.

– Tenho de ir – murmurou ela, temendo que suas pernas fossem fraquejar quando se levantasse.

Heidi pareceu prestes a fazer um comentário, mas Ted a impediu com um gesto.

– Ligo para você daqui a alguns dias – prometeu ela.

Laura assentiu sem saber como, pois parecia que tinha perdido o controle de suas funções motoras. E, apesar de estar com um biquíni enfiado na bunda e um par de sapatos altíssimos, ela saiu rapidamente da sala com muito menos confiança do que havia entrado.

A Laura congelada não durou muito tempo. Após no máximo cinco minutos, ela sentiu que algo como um tsunami de raiva a invadiu. Então ela não era bonita o suficiente? Não era motivada? Tinha perdido a personalidade? Ela era a ganhadora do *Quero ser modelo*, mas Ted e Heidi estavam agindo como se isso fosse uma coisa ruim!

Nada do que eles haviam dito era verdade. Os dois só queriam uma desculpa para demitir Laura e ficar com o dinheiro dela, afirmando que ela quebrara seu contrato. É isso aí, já tinha sacado tudo.

Laura atravessou as ruas frias de Londres, empurrando qualquer pessoa que se colocasse em seu caminho, e teve vontade de fazer o que sempre fazia quando o mundo se tornava um lugar ameaçador: ligar para Tom. Mas ela não podia fazer isso, pois Tom era um traidor filho da mãe que a esquecera em menos de trinta e seis horas. E avisara isso pelo telefone!

Laura estava cansada de ser uma chorona e de sentir saudades dele. Foi essa a conclusão que tirou depois de passar o dia inteiro andando freneticamente pela cidade. Ela só parou de caminhar quando chegou na longínqua vizinhança de Notting

Hill, o que explicava as bolhas que viu nos pés quando deitou na cama e chutou os sapatos para longe.

Os pés podiam esperar; o mais urgente era fazer a ligação.

– Você é muito engraçado! – disse Laura assim que Tom atendeu, soltando um grito tão alto e tão estridente que ele chegou a ecoar pelas paredes. – Você é que foi se agarrar com aquela loirinha piranhuda e depois ainda teve coragem de dizer que foi minha culpa!

– Não foi isso. É que...

– Cale a boca! Eu tive de escutar um milhão de mensagens suas, e você só mentiu e me acusou, então agora é você quem vai ouvir! Você não apenas me traiu com aquela menina, mas me traiu duplamente quando pediu que minhas amigas mentissem para mim. Eu estou largada aqui sozinha e está tudo uma droga. Minha vida é uma *tragédia*! E agora eu não tenho ninguém com quem conversar!

Laura fez uma pausa para sorver um pouco de oxigênio, o que fez Tom achar que podia responder.

– Olha, não foi isso que eu...

– Eu ainda não terminei! – berrou Laura, que gostaria de ter aquela discussão pessoalmente, pois não era satisfatório gritar por meio de fibras óticas quando o que ela queria era estar ao vivo e em cores para poder bater o pé, torcer as mãos e socar aquele safado. – Você é um mentiroso filho da mãe, eu odeio você e nunca mais quero olhar para sua cara! Nunca! Nunca!

Ela desligou o telefone, quase quebrando o dedo ao apertar o botãozinho vermelho com toda a força que tinha. Mas não estava se sentindo melhor depois de desabafar. Ao contrário, pensava em ir para a academia só para poder bater num saco de pancadas.

Laura enfiou as mãos trêmulas nos bolsos da calça jeans e se perguntou o que ia fazer pelo resto do dia. Na verdade, ela nem sabia o que ia fazer nos próximos dez segundos, pois parecia haver uma caixa de metal enferrujada no lugar onde costumava ficar seu coração.

Candy bateu de leve na porta e abriu-a sem esperar resposta, olhando Laura com uma cara de quem entendia o que ela estava passando.

– Sei exatamente o que você precisa. – Ela entrou no quarto, sendo seguida por Hadley e Irina. – Você pode conversar agora ou vai ligar de novo para aquele menino e gritar mais um pouco com ele?

Laura pressionou as mãos contra a pele do rosto, que estava muito quente.

– O que vocês querem? – perguntou a menina zangada que agora vivia dentro dela, e que obviamente estava pronta para mais uma briga. – E, olha só, ele totalmente mereceu, porque é um traidor filho de uma... vem cá, o que é que vocês querem, hein?

Laura não conseguia entender por que suas três companheiras de apartamento haviam subitamente surgido em seu quarto, todas arrumadas e com ar de satisfação. Bom, com exceção de Irina, que não tinha expressão facial.

– Bom, o meu terapeuta diz que eu compartilho demais – Hadley dobrou o tapete de Laura com o pé.

– E isso significa que ela não consegue guardar um segredo nem sob ameaça de morte – explicou Candy. – A Hadley nos contou sobre o idiota do seu namorado e nós decidimos tomar providências.

– Que providências? Contratar um matador de aluguel? – perguntou Laura. – Ou quem sabe só alguém para arrebentar os joelhos dele? Isso já ia ser maneiro.

Laura viu a sombra de um sorriso no rosto de Irina.

– Eu conheço gente da máfia russa – disse ela.

Candy balançou a cabeça.

– Nada disso. Eu tenho a solução dos seus problemas: a limusine que está estacionada em fila dupla na frente do prédio, dentro da qual tem um monte de garrafas de champanhe Cristal em baldes de gelo. Você precisa montar de novo no cavalo! – sugeriu Candy.

– Que cavalo? – perguntou Laura.

– Eu estou usando uma metáfora. O que a gente faz quando cai do cavalo? Monta de novo. Com meninos é a mesma coisa. Você vai procurar um gatinho qualquer, a fila vai andar e aí seu ex-namorado traidor não vai mais parecer tão importante. Infelizmente, eu sei do que estou falando.

# Capítulo treze

Se Laura soubesse que as palavras "Eu sou modelo" eram uma espécie de senha que abria as portas de um mundo repleto de meninos lindos, teria terminado com Tom antes de se mudar para Londres. Sério mesmo.

Em todas as boates em que ela entrou naquela noite havia um fluxo interminável dos meninos mais gatinhos imagináveis, todos dando sorrisos atônitos ao vê-la e se oferecendo para lhe comprar um drinque ou levá-la para jantar. Laura viu que seu valor de mercado estava altíssimo. Foi como um efeito cascata: cada vez mais carinhas foram chegando nela, até o ponto em que Laura se viu sentada num banquinho de bar, cercada por uma horda de adoradores usando calças jeans e tênis de marca que riam de suas piadas e se prontificavam a levá-la ao camarim de qualquer show em que ela quisesse ir.

Sempre havia um copo em sua mão, e ele estava sempre cheio até a borda porque, no minuto em que Laura bebia seu conteúdo, alguém o enchia, tratando o champanhe que custava duzentas libras por garrafa como se fosse água da bica. Era bem diferente de uma festa de aniversário num clube de golfe.

Mas, por mais que Laura tentasse esquecer o que havia acontecido naquela noite, as memórias ressurgiam em sua mente.

– Não faça isso – sussurrou o menino sentado ao seu lado.

– O quê?

– Essa cara de tristeza. Tome, beba mais champanhe.

As bolinhas leves e efervescentes faziam cócegas na garganta e espantavam a melancolia. Mas não era só o álcool que estava deixando Laura bêbada. Eram os olhares também. Laura sentia-se deliciada com a atenção dos gatinhos, mas o que mais gostou foi das caras das meninas. Não de um jeito lésbico. Ela estava curtindo a maneira como as meninas a observavam, apesar de estar vestida com o jeans e o tênis que colocara naquela manhã – como se ela fosse uma ameaça, como se estivesse ganhando a corrida, como se fosse mais bonita do que elas.

Talvez Laura fosse mesmo mais bonita do que elas. Ela se sentiu mais bonita do que todo mundo enquanto dançava na micropista de mais uma boate e notava as meninas observando os meninos que a olhavam. Não estava mal para uma menina que não era bonita o suficiente para ser modelo.

No final da noite, eles foram para o lugar mais tosco que Laura já tinha visto. As paredes eram de um concreto áspero e a decoração era composta por dois engradados de cor laranja que formavam a mesa do DJ e por sofás molengos cujas molas atacavam quem ousasse se sentar neles. Irina tagarelava com um menino estrangeiro numa língua que lhe pareceu ser espanhol, e mostrava-se mais entusiasmada do que nunca. Hadley estava com George, e os dois olhavam apaixonadamente para Reed, o meio-irmão de Candy. Reed tinha aparecido com uma menina brasileira lindíssima, mas não lhe dava atenção, pois estava mandando uma mensagem de texto interminável enquanto Candy olhava por cima do ombro dele.

Finalmente, a música parou e as luzes se acenderam. Com um choque, Laura voltou a uma dura realidade, onde tudo era menos brilhante e descomplicado. Ela esbarrou no menino que havia lhe oferecido mais champanhe, e ele abriu os braços para que Laura pudesse se aninhar entre eles.

– Mande essa gente desligar a luz – pediu ela, com a voz empastada. – Está claro demais.

– São três da manhã. Se a gente não for para casa, vamos virar abóboras.

– Você me acha bonita? – perguntou Laura.

Embora seu cérebro não estivesse funcionando muito bem, ela havia acabado de se dar conta de que aquele menino passara a noite inteira ao seu lado; quanto mais homens a rodeavam, mais grudado ele ficava.

O menino deu um sorriso torto e Laura estendeu a mão, tocando a covinha do queixo dele com o dedo.

– Você é linda – disse ele com firmeza. – Tem os traços muito simétricos.

Ele também era lindo. Tinha os cílios longos, olhos azuis lânguidos e um cabelo bem louro que era mais comprido do que o de Laura. Ela sentiu os músculos dos braços e do peito dele ao abraçá-lo, e ainda havia a boca. Bocas eram boas. Bocas eram usadas para beijar.

Era fácil afogar as mágoas numa taça de champanhe, e mais fácil ainda afogá-las na companhia de outra pessoa. Não era o mesmo toque de Tom, nem o mesmo cheiro, e definitivamente não era o mesmo gosto. O menino inclinou a cabeça de Laura e explorou o interior de sua boca com tanto *know-how* que ela devia ter ficado assustada. Mas o champanhe desligara seus alarmes.

Dava medo beijar outra pessoa. Mas um medo bom, como o que a gente sente quando anda de montanha-russa, não o medo que sentimos de *serial killers* e coisas assim. O menino sabia o que estava fazendo e seguiu em frente, enquanto Laura tentava acompanhá-lo.

Ele enlaçou-lhe a cintura e acariciou a pele macia de suas costas, que estavam parcialmente expostas. Laura se perguntou se havia sido isso que acontecera com Tom, se ele havia gostado de beijar alguém diferente, alguém que não era ela.

Laura não queria pensar naquilo. Por isso, ela beijou o menino mais uma vez. Ele mordeu-lhe o lábio inferior e deslizou a língua para dentro de sua boca. Laura fechou os olhos e sentiu o mundo girar.

– Não quero ir para casa agora – murmurou ela. – Estou adorando beijar você.

Laura viu pelo canto do olho que Candy estava fazendo gestos frenéticos para ela.

– Podemos ir para sua casa – sugeriu o menino num tom casual, que contrastava com a maneira séria com que ele a encarava. – Assim, podíamos nos beijar mais um pouco.

– Gostei disso. Beijar e comer uma torrada. Estou morrendo de fome – disse Laura, pensando que talvez tivesse dificuldade para comer, pois sua boca parecia estar separada do corpo e só servir para beijar. – Não ia ser bom se a gente pudesse chegar lá só com a força do pensamento?

Laura tentou bater os calcanhares de suas sapatilhas puídas e quase caiu no chão. Aquilo provavelmente só funcionava no filme *O mágico de Oz*.

– Russas sabem beber – declarou Irina presunçosamente – Vamos voltar para *a carrro*.

Pelo menos, Laura não estava tão bêbada quanto Hadley, deitada no chão.

– Adoro limusines! – declarou Hadley alegremente, embora Laura houvesse acabado de cair em cima dela. – Adoro esses vidros pretos, para que o povo lá de fora saiba que quem está dentro é famoso. A gente é famosa demais para ser vista. É tão legal!

Laura se sentou no colo do menino. Ela se deu conta de que devia perguntar o nome dele, mas então Candy sussurrou em seu ouvido:

– Você está totalmente bêbada. Quer que eu me livre dele para você? – perguntou ela, inclinando a cabeça na direção do menino, que estava distraído mordendo o pescoço de Laura. – Acho que você não vai conseguir fazer nada além de vomitar, e eu tenho doutorado em segurar o cabelo das minhas amigas enquanto elas passam mal.

No final das contas, Candy não poderia segurar o cabelo dela, pois desmaiou no corredor assim que elas chegaram em casa. Mas Laura não precisava vomitar, de qualquer maneira, então deu tudo certo.

Reed talvez houvesse se oferecido para ajudar Laura, mas ele estava ocupado demais forçando Hadley, sentada no sofá, a beber uma enorme garrafa de água. Irina e um menino que ela, de má vontade, dissera se chamar Javier, haviam desejado boa-noite a todos e desaparecido no quarto dela.

O carinha de Laura já estava tirando a camisa, e o luar que entrava pela janela fez com que os músculos do abdômen dele brilhassem. Ela estava bêbada. Bêbada como um gambá bêbado. Por isso, foi fácil dizer o que pensava.

– Não vou transar com você. – Laura fechou a porta do quarto e se apoiou nela, incapaz de ficar de pé sem ajuda. – É muito confuso. Vai deixar tudo... confuso, sabe?

Porque não seria fazer amor de um jeito doce e terno, ou qualquer outro adjetivo que ela empregara quando havia pensado em perder a virgindade. Seria ficar nua e fazer sexo. Um sexo bêbado e sem nenhum romantismo, com um menino que nem nome tinha.

– Eu tenho camisinha. – O cara começou a tirar o cinto. – Não precisa ser confuso.

Laura sentiu nojo ao ouvi-lo dizer aquilo, mas, em vez de explicar a situação, simplesmente repetiu:

– Não vou transar com você.

Talvez ele não tivesse ouvido a frase por causa do barulho que o cinto fez ao ser arrancado da calça. Mas depois ela percebeu que ele ouvira, sim, porque o menino disse:

– Tudo bem, podemos fazer outras coisas.

Então eles fizeram outras coisas que teriam sido muito gostosas, se Laura não houvesse passado o tempo todo com a sensação de que estava cometendo um erro.

No final, o menino se espalhou todo pela cama, espremendo Laura contra a parede e roncando feito uma motosserra. Laura ficou acordada olhando para um pedacinho rasgado do papel de parede e pensando na piranha que havia se tornado. Talvez "piranha" fosse um termo severo demais. Afinal, todo mundo faz besteira quando termina um namoro. Mas Laura, em vez de só beijar alguém, tinha decidido chegar na cara do gol. E ela ainda por cima estava usando uma metáfora esportiva, o que era um sinal bem claro de que tudo tinha ido mesmo para o saco.

Laura devia ter adormecido em algum momento, porque acordou com o som do menino se vestindo furtivamente para ir embora. Ela piscou os olhos devagar, porque até o raiozinho de sol que estava entrando pela fresta da cortina era uma agonia para seu córtex cerebral, e então se virou e levantou a cabeça dos dois dedos de travesseiro que ele não ocupara durante a noite.

– Você está indo nessa? – perguntou Laura, percebendo que sua voz soou estranha, como se ela não a usasse com muita frequência.

O menino, que estava colocando as meias, encarou-a.

– É, tenho várias coisas para fazer.

Laura olhou para o despertador. Eram sete da manhã. Ninguém tinha nada para fazer naquele horário, com exceção dos entregadores de jornal. Esse devia ser aquele momento constrangedor da manhã seguinte, sobre o qual ela já lera em várias revistas.

– É, eu também – disse Laura.

Mas a única coisa que tinha para fazer era passar o dia na cama tentando não morrer, porque parecia que alguém havia substituído o seu cérebro por uma caixa de tachinhas. Laura se enroscou no edredom, pois estava nua. Levou alguns segundos para que se lembrasse bem do que tinha acontecido, e então ela precisou fechar os olhos e fingir que não tinha... a noite passada... com o... e o...

– Que merda! – gemeu ela.

– Foi maneiro – declarou o menino, como se aquela forma de resumir os eventos da noite fosse deixar tudo bem. – Você foi muito legal.

Laura quis muito que ele parasse de falar, se vestisse e se mandasse, pois aquele suplício já estava durando uma eternidade.

– Valeu. A gente se vê – disse ela.

O menino fez uma expressão de culpa que Laura reconheceu. Era a mesma expressão que Tom havia feito da última vez em que eles tinham se encontrado.

– Foi maneiro – repetiu o menino, como se aquilo fosse virar realidade, se ele continuasse afirmando que era. – Você é linda, e eu nem acreditei que estava interessada em mim. Mas é que eu meio que tenho namorada.

Laura não sabia o que era pior. Se o fato de que ela agora só atraía vagabundos que não conseguiam ser fiéis a ninguém ou se o fato de que para sempre seria lembrada por aquele menino como "a vez em que eu fiquei com uma modelo".

– Deixa quieto – disse ela mecanicamente. – Eu não ligo. Você pode parar de fazer barulho? Estou com uma baita dor de cabeça.

# CAPÍTULO CATORZE

– Sério, Candy, a gente só deu uns amassos – disse Laura.

Ela sentiu vontade de vomitar de novo, fechou os olhos, e logo se arrependeu, pois isso a deixou completamente zonza. "Dar uns amassos" queria dizer que os dois tinham rolado de um lado para o outro na cama de Laura, tentando não rir.

– Foi bem íntimo e devia ter sido importante para mim, mas não foi. Mas eu nunca na vida vou fazer sexo. Só quando tiver trinta anos e já estiver casada com o cara há uns dez. Cara, como está *quente* aqui dentro!

– Eu já falei, passar o dia num spa é a melhor cura para um coração partido, e fazer uma sauna é ótimo para ressaca. – Candy levantou a perna e viu uma gota de suor escorrer por seu belo tornozelo. – Olha, você tinha enchido a cara, estava chateada... essas coisas acontecem.

Laura não achou que Candy estava fazendo um bom trabalho ao tentar animá-la. Ela era um pouco fria demais.

– Quem era aquele cara espanhol que estava com a Irina? – perguntou ela, que pela primeira vez na vida não aguentava mais falar de si própria.

– Assistente de algum fotógrafo que ela conheceu em Tóquio. Acho que ele é argentino, e deve ter mais paciência do que um santo. Ela estava dando um ataque hoje de manhã e ele disse que ela era a maior pentelha – contou Candy, sorrindo de pura alegria. – Eles estão transando direto, e ela não fica nervosa como você.

– E a Irina fica nervosa com alguma coisa? Para isso acontecer, ela teria de ser capaz de sentir outra emoção além de...

– Desprezo pelo mundo? Eu tive de bater na parede dela às quatro da manhã, porque a cama fazia o maior barulhão e ela estava gemendo em russo. Foi muito perturbador.

Laura conseguiu ficar sentada. A melhor cura para uma ressaca era fofoca.

– E qual é o lance entre a Hadley e o George?

– Você está falando do caubói de *O segredo de Brokeback Mountain* e da namoradinha *fake* dele? – Candy fez uma pausa para que Laura entendesse a referência. – Só mesmo um cara completamente gay poderia amar a Hadley. Ela própria é uma bicha louca, apesar de ser menina.

– Então por que eles fingem que estão juntos? Até eu me toquei que a Peça A ali não se encaixa na Peça B.

Laura fez uma careta ao pensar em Hadley e George transando e tendo de parar no meio porque os cabelos louros de ambos estavam desgrenhando.

– A Hadley não tem noção das coisas. Ela acha que as pessoas se importam com a vida dela, e que ter um namorado vai ser bom para sua imagem – comentou Candy maldosamente. – Ela adora a atenção da mídia.

– Não fale assim dela. Ela é gente boa, é uma fofa de vez em quando. E você, está namorando alguém?

Candy mudou de expressão no mesmo instante. Fazer uma pergunta sobre a vida pessoal dela era a mesma coisa que enfiar a cabeça na boca de um leão e torcer para que ele não mordesse com muita força.

– Não – respondeu ela, irritada.

Laura cruzou as pernas e amarrou melhor a toalha, para não mostrar seu útero para ninguém.

– Você pode conversar comigo, Candy – disse ela gentilmente. – Se quiser desabafar de vez em quando, eu prometo que não conto para ninguém. E você sabe muito bem que eu não tenho um gravador escondido em nenhum lugar, pois estou praticamente pelada.

Candy riu e então fez uma expressão melancólica, como se tivesse segredos que estavam lhe pesando nos ombros.

– Eu conheci um carinha logo depois que meu programa entrou no ar. Ele era de uma banda, não muito boa. – Ela franziu o narizinho perfeitamente arrebitado. – Mas era lindo, e eu achei que estava apaixonada. Só que ele terminou comigo quando eu não quis que ele aparecesse no programa, e depois tentou vender uma história para uma revista de fofocas, falando sobre suas "Noites tórridas de paixão com Candy Careless". E, agora, eu não estou nem ficando com ninguém. Nem dou em cima de nenhum cara. Sou tipo uma freira, só que com roupas bem mais bonitas. O que não me mata me deixa mais forte, filha – concluiu Candy, dando um sorrisinho desafiador para Laura.

– E o que aconteceu com a história que ele tentou vender? – quis saber Laura, atônita ao descobrir que Candy tinha se dado muito pior do que ela no quesito namorado.

– Ele desistiu da ideia quando meu advogado começou a transformar a vidinha medíocre dele num inferno – declarou Candy com satisfação. – Se você fizer qualquer coisa comigo, eu mando um dos meus serviçais arrancar seus olhos.

*Cara, melhor eu nunca, nunca fazer nada que possa deixar essa menina zangada*, pensou Laura.

– Pode deixar, não vou esquecer – disse ela, com só um pouquinho de tremor na voz.

– Vamos sair daqui – sugeriu Candy, levantando e precisando se firmar por ter ficado um pouco zonza. – Você já deve ter suado todas as toxinas que ingeriu ontem.

Depois de sair da sauna, as duas foram levadas para uma sala que parecia a tenda de um beduíno. Então, cada centímetro da pele de Laura foi esfoliado com sal marinho e uma esponja. Ela não conseguiu mais conversar, pois só tinha forças para emitir guinchos angustiados ao sentir todas as suas células mortas indo embora.

Candy tinha reservado as melhores coisas do spa para as duas últimas horas. A pele de Laura ficou brilhante e cheirando a jasmim. Suas sobrancelhas foram lindamente feitas e transformadas em dois belos arcos. Era impossível fazer seu cabelo crescer mais, mas ele ficou tão sedoso quanto a crina de um pônei. As unhas de seus pés foram pintadas de uma cor que Candy descreveu como "vermelho puta" e as unhas de suas mãos de "rosa sapatilha de balé".

– Eu pago – insistiu Candy quando a recepcionista entregou a conta para elas. – Guarde essas libras que você ganhou com o suor do seu rosto.

Laura vislumbrou uma soma que tinha pelo menos quatro números antes da vírgula e concordou sem pestanejar.

– Você vai fazer alguma coisa hoje? Porque eu só tenho energia para pedir uma comida e alugar um DVD.

– Se não tiver *jedis* nem *hobbits*, eu assisto com você – disse Candy, digitando sua senha.

Laura só ligou o celular quando elas entraram no táxi. Suou frio ao ver o ícone que piscava, indicando que alguém tinha deixado uma mensagem, mas era Hadley que havia ligado.

– Laura – sussurrou Hadley com urgência. – São quatro da tarde, ou sei lá como dizem isso aqui, dezesseis horas? Bom, você tem de voltar para o apartamento agora, pois está rolando um código vermelho. Isso quer dizer uma emergência. Ouviu? Beijo!

Era uma mensagem esquisita até para Hadley.

– Cara, essa menina fuma *crack* – murmurou Laura, que decidiu ligar para o apartamento e descobrir qual era o drama (a pia devia ter entupido de novo).

– *Ja*?

– Irina? A Hadley está aí? É a Laura. Ela me deixou uma mensagem muito estranha.

Irina ficou em silêncio por alguns segundos. Então Laura ouviu uma porta batendo e Irina também sussurrou, nervosa, como Hadley tinha feito:

– *Ja*, você volta para casa agora. Código vermelho.

Laura revirou os olhos para Candy, que estava tentando ouvir também, sem nem tentar disfarçar.

– Irina, você por acaso sabe o que é um código vermelho?

– Sei, tem um sentado no sofá. Volta agora.

– Mas... mas...

– Você é menina estúpida – xingou Irina com raiva. – Volta agora e resolve sua vida.

Elas ficaram presas no trânsito da Euston Road, e Laura arrancou quase todo o esmalte rosa da unha no trajeto.

– Não deve ser nada demais – garantiu Candy. – Aquelas duas adoram um teatro. Deve ser o cara de ontem que voltou para dizer que está apaixonado, ou então para confessar que tem uma doença venérea e dizer que você precisará ir ao médico.

– Você está piorando a situação, Candy!

– Foi mal. Só estava tentando aliviar a tensão com um pouquinho de humor. – Candy fez beicinho.

– Acho que vou passar mal de novo. – Laura abaixou o vidro da janela do táxi e respirou fundo o ar poluído. – Meu Deus! Aposto que é a Heidi, e que ela vai me demitir. Odeio essa mulher!

Então Laura falou mal de Heidi dali até chegar em casa, no que foi ajudada pelo taxista, que se recusou a buzinar ou a passar do limite de velocidade para que eles pudessem andar mais rápido. Laura ainda estava enchendo os ouvidos de Candy quando elas subiram as escadas.

– Os outros *bookers* abraçam as modelos quando elas chegam na agência e perguntam como elas estão, mas eu só ganho um sorrisinho sarcástico e uma subida na balança.

– É, ela é um saco – concordou Candy, que mal estava prestando atenção. – Uma nazista da balança.

– Pois é! – exclamou Laura, enfiando a chave na fechadura. – Mas eu não vou deixar que ela faça isso comigo. Vou dizer exatamente o que eu... penso... dela...

Candy lhe deu um empurrão.

– Ande logo! Por que você ficou parada na porta como uma estátua?

Mas ficar parada como uma estátua foi tudo o que Laura conseguiu fazer, pois não era Heidi que estava sentada no sofá com a cara feia de sempre. Era Tom, se escondendo atrás de um buquê desarrumado de flores do campo, com uma expressão abatida no rosto. Quando ele a viu, abriu o maior sorriso deste mundo.

– Oi, Laura. Que surpresa, né?

# CAPÍTULO QUINZE

Laura ficou paralisada, sem sequer tirar o casaco. Agora que Tom estava li, em sua sala de estar, dando aquele sorrisinho dele que partiu o que restava de seu coração, ela descobriu que não o odiava. Nem de longe.

– Você não devia ter vindo. – Ela tentou escapar corredor adentro e esbarrou em Irina, que a olhava com extrema frieza.

– Você fica – insistiu ela ferozmente, embora aquilo não fosse da conta dela. – Fica, conversa e para de agir como criança. A gente sai. Hadley!

Hadley enfiou a cabeça para fora da porta de seu quarto.

– Não acho meu cachecol.

– Você vai sobreviver sem ele – disse Candy, já se encaminhando na direção da porta. – Vamos só até o restaurante grego que tem aqui do lado. Ande logo!

Laura viu as três passarem por ela, sem saber o que fazer. Candy lhe deu um tapinha na bochecha.

– Não machuque muito o menino. Ele parece vulnerável.

– Ele se recupera rápido – murmurou Laura, mas a porta já estava fechada.

Ela entrou na cozinha e colocou a chaleira no fogo. Era o que fazia instintivamente sempre que a vida lhe dava uma rasteira:

tomar um chá. Ontem ela ainda era a vítima da história, e tinha todo o direito de estar indignada. Agora, se transformara numa vagabunda idiota que fizera muito mais coisas com o Sem Nome do que Tom fizera com Cassie. A não ser que Tom e Cassie houvessem... não, melhor não pensar naquilo.

Tom entrou na cozinha no momento em que Laura estava colocando leite em duas xícaras.

– Fiz um chá para você – informou ela. – A Irina e a Hadley não são muito educadas.

– Elas foram legais. – Tom encostou-se no balcão, soprando seu chá. – Mas eu precisei me explicar com palavras e gestos durante uns dez minutos antes que elas me deixassem entrar.

Laura espiou Tom, que estava ocupado bebendo o chá. Toda vez que ela pensara nele nos últimos dias, ele aparecia com chifres de diabo e um tridente, e por isso foi esquisito vê-lo com aquela cara normal de sempre, usando um casaco listrado e uma calça jeans e olhando curiosamente para ela.

– Hoje é terça-feira. Você não tem aula amanhã? – perguntou Laura.

Tom deu de ombros.

– Tenho. Mas acho que eles não vão me expulsar do colégio só porque eu matei um dia.

– Está com fome? Não deve ter nada que não esteja mofado, mas eu podia...

– Laura, eu beijei a Cassie durante cinco segundos, e estava muito bêbado – disse ele subitamente, colocando a xícara no balcão sem prestar atenção no que fazia e derramando parte do chá. – Não significou nada.

Laura sabia que aquilo era mentira. Beijos sempre significavam alguma coisa: às vezes, queriam dizer que você estava magoado e se sentindo sozinho.

– Não tem importância. – Ela pegou um pano de prato e limpou o chá derramado.

– Tem, sim. – Tom pegou o pano das mãos de Laura e virou-a para que ela o encarasse. – Tem importância, porque eu estou sentindo ódio de mim mesmo por ter magoado você.

Laura só percebeu que havia começado a chorar quando sentiu o gosto das lágrimas.

– Não me olhe assim – implorou ela, porque Tom também estava prestes a chorar e ela se sentia o último dos seres humanos. – Tom, por favor... está tudo bem.

Tom deu um puxão em seu casaco e inclinou a cabeça na direção da porta que dava para a sala.

– A gente pode sentar e tentar... não, tentar não. A gente *vai* resolver essa situação.

Laura sentou-se sobre os pés e bebericou seu chá morno enquanto Tom lhe explicava tudo que vinha sentindo. Ele achou necessário contar todos os detalhes sobre a história da Cassie. O que teria sido uma ótima ideia vinte e quatro horas atrás, quando Laura ainda não tinha uma história sórdida para contar. Esse negócio de compartilhar tudo era uma droga.

Tinha sido exatamente como Jen e Cath haviam dito. Tom não percebera que Cassie estava dando em cima dele, e nem se interessara por ela, até certa noite numa festa, quando Cassie sentara em seu colo e lhe dera um beijo súbito. Aquele havia sido o incidente número um, e parecia um simples caso de um menino bobo que caíra nas garras de uma piranha qualquer. Mas havia o incidente número dois, que fora mais ou menos a mesma coisa, só que com bem mais álcool.

– Eu já havia dito a ela que tinha namorada – insistiu Tom, apoiando-se nos cotovelos, inclinando-se para a frente e observando a mancha de esmalte que Hadley deixara no tapete. – Mas aí fiquei bêbado, a gente não se falava havia uma semana, ela chegou em mim de novo e o beijo durou cinco segundos. Foram cinco segundos, Laura. Só cinco segundos, e se eu tivesse contado para você, a gente ia brigar um pouco e depois ia esquecer tudo. Mas a Jen e a Cath viram, e aí a história virou um drama. Elas me ligaram um milhão de vezes, inventaram um plano todo elaborado para encobrir tudo e me disseram que eu era burro demais para entender a complexidade da alma feminina, e que não era para lhe falar nada. Foi isso. E eu não quero jogar fora dois anos de namoro por causa de cinco segundos, entendeu?

Laura entendeu. Pareceu bastante razoável quando ele colocou as coisas dessa maneira. Ela teria dado uns socos nele, ele teria gritado com ela, e eles teriam feito as pazes sem precisar de toda aquela tragédia. Teria sido muito simples.

– Você devia ter seguido seus instintos – disse Laura. – Devia ter me ligado e explicado tudo, porque aí eu não ia ficar tão zangada. Você sabe como é quando eu fico zangada. Não consigo pensar racionalmente.

– Você teria me deixado com alguma cicatriz permanente? – perguntou Tom, erguendo a sobrancelha com um ar divertido.

Tom achava que eles já estavam quase resolvidos. Que agora iam só falar algumas gracinhas e depois jurar amor eterno.

– Só um olhinho roxo. – Laura tentou evitar o momento.

Mas ela precisava falar logo. Tinha de ser que nem arrancar um curativo.

– E eu também não teria... ontem à noite... Eu estava tão zangada com você, me sentindo tão feia, e bêbada também...

Tom ficou tenso imediatamente.

– O que você fez?

Laura fechou os olhos e abriu a boca.

– Eu dormi com um cara. Não transei com ele, mas fiz mais do que só beijá-lo por cinco segundos. Tom, me desculpe...

Ela estendeu o braço para tocá-lo, como se pudesse fazer aquele problema desaparecer com um pouco de carinho. Mas Tom se afastou como se o toque dela fosse queimar-lhe a pele.

– Não encoste em mim! O que você fez?

– Eu já falei – disse Laura, desesperada, tentando não entrar em muitos detalhes. – A gente não transou.

Mas ela sabia que aquilo não importava, porque eles tinham chegado muito, muito perto.

– O que você fez? – repetiu Tom, com a voz mecânica que usava quando estava com raiva demais até para falar. – Quero saber o que fez com ele.

O rosto de Laura ficou quente e todo o resto de seu corpo gelou. Era uma combinação interessante.

– Não quer, não – afirmou ela, arrasada.

Mas Tom queria saber de tudo, e só ficou satisfeito depois de obrigá-la a relatar todos os segundos da noite, a listar todas as peças de roupa removidas, a falar sobre todos os lugares que tocara e nos quais fora tocada, a repetir todas as palavras idiotas que a gente diz quando está nua, agarrando um menino que não é seu namorado.

Foi como trair Tom de novo, mas dessa vez ele estava num canto do quarto, observando Laura e aquele menino fazendo todas as posições do *Kama Sutra*.

– Lógico que isso é transar! – afirmou Tom quando ela chegou ao fim da história, gaguejando as palavras que ele a fizera repetir até que elas parassem de fazer sentido.

– Como assim? Não teve penetração! – exclamou Laura, percebendo que não tinha o direito de estar indignada, pois não era mais a vítima.

– Você é uma piranha vagabunda!

Ouvir isso da boca de Tom foi mais doloroso do que levar uma bofetada. Ele se levantou do sofá, como se fosse pegar uma horrível doença contagiosa só de ficar perto de Laura, e permaneceu de pé, com uma expressão de fúria. Laura nunca imaginara que Tom seria capaz de sentir tanta raiva, mas ele estava provando ser extraordinariamente bom nisso.

– Acabou – declarou Tom com tanta seriedade que, se o namoro deles fosse um programa de televisão, os créditos iam ter aparecido na tela. – Você é nojenta, Laura.

Laura assentiu, concordando. Nesse momento, eles ouviram uma chave na porta e as outras meninas apareceram.

– Que fofo! Vocês dois fizeram as pazes? – perguntou Hadley, que devia estar bêbada de novo.

Tom enfiou as mãos nos bolsos da calça e olhou para o chão.

– Vou embora. Que ônibus eu pego para ir para Euston?

Aquilo fez com que Laura saísse de seu torpor.

– Você não pode ficar aqui mais um pouquinho, para a gente conversar? – perguntou ela baixinho, embora suas três companheiras de apartamento estivessem bem ali, vendo-a, de camarote, levar um pé na bunda. – Por favor, Tom...

– Não estou nem a fim de olhar para a sua cara, quanto mais de conversar sobre o fato de que é uma vaca falsa e traidora.

Uma das meninas soltou uma exclamação ao ouvir isso. Além de todos os pecados que Laura havia cometido, ela ainda por cima transformara Tom num misantropo amargo e furioso.

– Eu não sou uma vaca traidora, para mim a gente tinha terminado! – Laura ficou de pé. – Como é que eu ia saber que foi a Cassie quem beijou você? Mas você também não reagiu! Pode ter sido só por cinco segundos, mas você beijou também.

– Pelo menos, não tive de ficar pelado para fazer isso!

– Aposto que você ia transar com ela se a Jen e a Cath não tivessem visto vocês dois. Como é que eu vou saber se é verdade isso que você disse, que sua consciência pesou de repente?

– Não comece a me atacar, Laura! Você adora se sentir a vítima, nunca quer lidar com seus problemas direito! Você é uma covarde!

– Beleza, eu sou uma covarde, uma piranha, uma vaca, e devo ter transado com metade dos homens de Londres! – gritou ela.

Pelo menos era melhor gritar do que ficar sentada no sofá sem saber o que fazer enquanto Tom a nocauteava com a língua. Tudo bem, aquela era a metáfora mais horrível do mundo, mas a prioridade de Laura no momento não era pensar direito. – Pode ir embora, então! – berrou ela. – Eu não ligo.

E, para mostrar que estava falando a verdade, Laura começou a marchar para fora da sala. Teria sido uma saída poderosa, se Candy não a houvesse empurrado de volta para dentro.

– São onze da noite – disse ela. – Ele não pode ficar zanzando pela cidade...

– São só cinco minutos de ônibus até a estação – disse Laura friamente. – Até *ele* consegue fazer isso sozinho.

– Eu estou bem aqui, Laura – declarou Tom.

– Não me lembre disso – rebateu ela, irritada.

Laura estava pronta para trocar mais alguns insultos, mas então viu que Irina havia se aboletado no sofá, pois não assistia TV havia algumas horas e estava começando a ter uma crise de abstinência.

– Você é sempre drama – disse Irina para Laura, fazendo que não com o dedo, o que lhe deu vontade de se atirar no chão e começar a espernear de raiva. – Relaxa, *ja*?

– É, está o maior estresse aqui – concordou Hadley, tocando a testa com a palma da mão. – Vou acender umas velas de aromaterapia e tomar um banho.

– Ela está tão bêbada que provavelmente vai se afogar na banheira – murmurou Laura enquanto Hadley cambaleava corredor adentro, atingindo todos com sua metralhadora giratória.

– Acho que você perdeu o último trem, sei lá – Candy disse para Tom, abanando as mãos. – Cara, esse país é tão primitivo. As coisas fecham cedo demais. Bom, então você pode dormir no quarto da Laura e ela pode ou dormir comigo ou ficar aqui no sofá, isso se quiser continuar a se comportar como uma bruxa de conto de fadas.

– Não quero ficar aqui – declarou Tom.

Laura respirou fundo, furiosa com o que Candy dissera. Foi nesse segundo que Tom parou de sentir raiva e se deu conta de que estava conversando com uma pessoa tão famosa que era reconhecível só pelo primeiro nome. Ele fez uma cara estupefata, sem conseguir se controlar.

– Não adianta ficar animado, a Candy não é para o seu bico – disse Laura.

Ela saiu de novo da sala, tentando dar uma cotovelada nas costelas de Tom ao passar por ele.

Claro que o único lugar para onde podia ir era o quarto de Candy, o que estragou um pouco sua saída dramática, principalmente depois que Candy entrou logo atrás, com cara de quem gostaria que Laura tivesse outro lugar para dormir.

– Quando você manda mal, você manda mal – disparou ela. – Achei que você é que era a coitadinha da história.

– E sou – afirmou Laura, pegando uma das muitas almofadas de Candy e abraçando-se com ela. – Mas havia certos fatos que não eram do meu conhecimento.

Candy se sentou na cama e começou a tirar as botas.

– Foi mal, fofa, mas agora você virou a vilã. A vida é assim. Você partiu o coração dele, e ele é quem tem o direito de choramingar e reclamar agora – afirmou Candy, fazendo uma pausa para respirar. – Cara, você é uma burra!

Parecia que era o Dia Nacional de Xingar a Laura.

– Por que você contou para ele? – continuou Candy. – Ele estava muito melhor sem saber de nada.

Foi difícil pensar numa boa resposta.

– Porque ele perguntou – disse Laura, destruída. – Quer dizer, foi mais a *maneira* como ele perguntou.

– Você devia ter mentido. Nem é religiosa nem nada, então não ia ter problema. Meninos nunca conseguem encarar a realidade. São todos uns maricas.

Laura ficou tentada a voltar para a sala e encarar a fúria de Tom, porque era um porre ter de ficar ali ouvindo Candy explicar com todos os detalhes o que ela deveria ter feito para que tudo continuasse sendo culpa dele, e para que Laura pudesse ficar com fama de ser uma namorada adorável, que sabia perdoar.

– Aposto que ele ia dar um monte de presentes para você – Candy piorou ainda mais a situação. – Talvez até joias.

Elas se deitaram e, após alguns minutos e algumas remexidas, Candy caiu no sono, e Laura ficou acordada ouvindo a voz de sua consciência. Puxa, sua consciência era uma tremenda tagarela.

Era como se ela pudesse sentir a dor de Tom atravessando as paredes. Convencendo-se de que precisava pegar seu pijama no quarto, Laura se levantou e foi pé ante pé até lá.

Ela decidiu não bater na porta. Em primeiro lugar, porque ainda estava com raiva. E, em segundo lugar, porque tinha certeza de que Tom ia mandá-la para aquele lugar.

Laura abriu a porta e todo aquele discurso que ela planejara fazer, afirmando que eles dois tinham agido mal, desapareceu de sua mente num segundo. Tom estava sentado no chão, segurando uma foto deles dois que tirara de seu quadrinho e chorando.

Meninos não deviam chorar. Aquilo bagunçava todas as leis da natureza.

– Oh, Tom – suspirou ela.

Ele olhou para cima e imediatamente começou a esfregar os olhos com fúria.

– O que você quer?

– Meu pijama.

Mas Laura já se agachara, porque agora era sua vez de passar os dedos pelos cabelos dele. Não que Tom quisesse, porque ele afastou a cabeça e olhou-a daquele jeito raivoso que estava dominando tão bem.

– Eu sabia que você estava aqui se sentindo uma droga, e que a culpa é toda minha, mas não consegui...

– Por que você nunca retornava minhas ligações? – perguntou Tom, interrompendo o pedido de desculpas mal-ajambrado de Laura. – Naqueles cinco segundos em que eu beijei a Cassie, estava me sentindo como se não tivesse mais namorada.

Laura sentou-se no chão ao lado de Tom, respeitando o fato de que ele não queria ser tocado.

– Estava passando por umas coisas sobre as quais era difícil conversar – explicou ela. – Sabia que ia acabar falando nelas se ligasse para você, e não conseguia lidar com isso.

Tom grunhiu. Não foi um grunhido muito simpático, mas pelo menos demonstrava algum interesse. Laura sabia que ainda tinha algumas revelações a fazer.

– Tem sido muito difícil. Estou aqui sozinha, sem você, meu pai ou minha mãe. E eu achei que ia ser fácil, que todo mundo ia me dar milhares de trabalhos. Que eu ia chegar, anunciar que tinha ganhado de doze mil meninas que participaram do *Quero ser modelo*, e todo mundo ia me querer.

Tom soltou mais um grunhido.

– E todas aquelas fotos que você tirou para revistas estrangeiras, e aquela história de ir para Nova York daqui a algumas semanas? Parece que sua carreira está indo muito bem.

Foi por isso mesmo que Laura tinha inventado tudo aquilo, para impressionar os outros.

– Eu menti – sussurrou ela, porque dizer aquilo era difícil. – Sou gorda demais, aparentemente me acho mais esperta do que todo mundo, minha *booker* me odeia, e sabe o que eles me disseram ontem?

Tom balançou a cabeça, o que era um pouco mais amistoso do que os grunhidos.

– Vamos, surpreenda-me – disse ele.

– Que tenho um mês para consertar tudo ou vou ser demitida.

Ela não ia chorar. De jeito nenhum. Não ia fazer como sempre fazia e tentar obrigar Tom a ter pena dela. Mas já começava a sentir umas pontadinhas nos olhos que indicavam que seus dutos lacrimais estavam prestes a enviar uma enxurrada.

– Está dando tudo errado – resumiu Laura, caso Tom não houvesse entendido. – E quando eu fui para Manchester, não contei nada porque não queria que as pessoas sentissem pena de mim.

Por mais inacreditável que fosse, Tom colocou a mão no joelho de Laura e começou a massageá-lo, passando o polegar por uma cicatriz que ela ganhara quando seu pai havia tirado as rodinhas de sua bicicleta pela primeira vez. Mas quando Tom falou, foi ríspido com ela.

– Você é mimada, Laura. Nunca teve de trabalhar duro na sua vida.

Aquilo era injusto, e era uma mentira.

– Eu já trabalhei duro, sim! Ganhei o concurso, não ganhei?

Tom continuou com a massagem, mas, em compensação, riu da cara dela.

– Você só precisou fazer o que faz melhor: ser bonita e animada. Não foi muito difícil, pois todas as outras meninas tinham personalidades horríveis.

– Mas eu tive de posar debaixo d'água, ficar presa por uma corda que quase quebrou os ossos da minha virilha e...

Tudo bem, comparado com o trabalho dos soldados que estavam lutando contra o terrorismo, dos médicos que trabalhavam nos prontos-socorros dos hospitais, e de basicamente qualquer pessoa do mundo que não fosse modelo, não parecia difícil. Melhor tentar explicar de outro jeito.

– E eu tive de dar duro no colégio. Minha média era 8, 9...

– Mentira, você nunca deu duro – interrompeu Tom. – Todo mundo se ferrava para tirar nove ou dez, mas você entregava um trabalho mais ou menos e depois fazia beicinho para os professores, que aumentavam sua nota. Você é linda, Laura. Não vive no mesmo mundo que nós, meros mortais.

– Não entendi por que você falou isso – disse Laura.

Tudo bem, era legal levar cantadas na rua quando ela estava se sentindo mal com alguma coisa, mas ser bonita não era um passaporte para uma vida fácil.

– Eu sorrio para todo mundo nos testes até os músculos das minhas bochechas doerem. Tudo bem, não estou liderando nenhuma revolução, mas estou trabalhando do mesmo jeito.

– Quero continuar a falar o que estava falando – disse Tom implacavelmente. – Você é a única pessoa que eu conheço que diz "Não tive tempo de passar no caixa eletrônico, mas não tem problema. Alguém vai pagar meus drinques para mim". Isso não é uma maneira aceitável de levar a vida. Acabou esse negócio de beber de graça.

– Então eu sou falsa, mimada, piranha, vaca e preguiçosa. – Laura parou de contar aqueles adjetivos horríveis para não ter de usar os dedos da outra mão. – Não sei por que você ficou comigo durante tanto tempo.

Tom sorriu maldosamente, porque já estava com a resposta na ponta da língua.

– Bom, você é bonita.

– Não estou me sentindo muito bonita nesse momento – informou ela, fazendo um muxoxo. – De repente, posso colocar um saco de papel na cabeça, já que minha cara é tão feia assim.

Tom esticou as pernas, que acabaram tocando nas dela.

– Sabe o que me deixa mais irritado?

Poderiam ser milhares de coisas, pois Laura cometera inúmeros crimes. Ela deu de ombros.

– Não.

Tom se inclinou para a frente e pegou-lhe o queixo com a mão, com uma sombra do carinho que costumava ter por ela.

– Mesmo estando com tanta raiva de você, vê-la ainda faz meu coração dar um salto. Ia ser muito mais fácil se você fosse horrorosa. Eu ia poder simplesmente me levantar daqui e ir para longe de você.

– Que bom que eu sou bonita, então – declarou Laura, amarga. – Você não gosta de mim por causa da minha personalidade, ou por nós dois gostarmos de Belle and Sebastian, ou porque a gente se ama. Só gosta de mim porque eu sou um troféu para você mostrar para os outros.

– Os caras do time de futebol ficaram todos impressionados quando a gente começou a namorar – confessou Tom.

Laura não entendia bem o que Tom queria dizer com aquelas palavras. Quando ele estava com raiva, tinha sido mais fácil. Agora, parecia que Tom se aproveitava para brincar com os sentimentos dela.

– Que bom que eu ajudei você com sua fama de macho. Vou voltar para o quarto da Candy, então.

Laura planejava sair do quarto de forma graciosa, mas então tropeçou em um tênis perdido por ali. Ela oscilou, sem saber se estava prestes a cair ao chão sem nenhuma elegância, e começou a desabar com um grito, quando Tom agarrou-lhe os cotovelos e a ajudou a se endireitar.

Eram necessários só quatro passos até a porta, então por que Laura estava se recostando no peito de Tom? Porque ele lhe beijava a nuca, pressionando de leve seus lábios contra a pele dela, de um jeito maravilhoso que estava fazendo até seus dedos do pé reagirem.

– Eu olhei para você porque você é linda – disse ele suavemente no ouvido dela. – Uma menina com quem eu não podia nem sonhar em ficar. Mas você se lembra do dia da excursão do colégio para o Tate Modern? Eu vi você observando um quadro caótico do Jackson Pollock por dez minutos, e aí percebi que não a conhecia de verdade.

Laura lembrou daquele momento. Foi o único do dia em que ela não ficara dando em cima de Tom; só olhando embasbacada para aquela misturada de borrões de tinta que iam se transformando conforme a gente observava, como as nuvens do céu ou as chamas de uma fogueira.

– Viu, eu sou profunda – disse ela.

Laura e Tom decidiram, mútua e silenciosamente, que ela devia se virar; mas fizeram isso sem dizer nenhuma palavra.

O primeiro beijo foi inevitável; eles haviam trocado muitos insultos e acusações para poder chegar àquele momento. Naquele instante, eram apenas um menino e uma menina no meio da penumbra, tão apertados um contra o outro que não havia espaço entre os dois nem para uma pluma.

Os dias catastróficos que tinham se passado desde o último beijo dos dois deixaram de existir. A realidade eram as mãos dela passando pelos cabelos de Tom e os braços dele enlaçando-lhe a cintura. Nada mais importava.

Quando eles deitaram no chão, foi como se Laura subitamente houvesse aprendido os passos de uma dança complicada que jamais havia dançado antes. Eles tiraram a roupa, para que pudessem ficar ainda mais próximos. E, embora jamais tivessem feito aquilo antes, sabiam que era o destino. Laura aninhou seu corpo no de Tom e tocou mais uma vez seus lábios com os dela. Ela fez uma pausa e perguntou:

– Você tem uma camisinha?

Mas nem dizer isso foi constrangedor. Tom pegou o envelope dentro da carteira.

– Meu pai me deu há seis meses, por via das dúvidas – admitiu ele timidamente.

– Isso é estranho? – perguntou Laura, com a impressão de que estava falando consigo mesma. – É, não é?

– É? – quis saber Tom.

Laura passou a mão pelos cabelos e a língua pelos lábios, parando ao ver os olhos de Tom se escurecendo.

Depois, ela se enroscou no braço dele, perguntando-se se aquilo fora algo especial que tinha acontecido entre duas pessoas que se amavam, ou se havia sido a velha história de transar logo antes de terminar o namoro.

– É complicado, Laura – declarou Tom, como se houvesse lido os pensamentos dela. – Isso não vai resolver todos os nossos problemas automaticamente. Nem de longe.

Laura sabia que não merecia nada além disso. Na verdade, tinha sorte de tê-lo ali com ela naquele momento, apesar de o tapete estar arranhando sua pele. Mas nenhum dos dois se moveu para ir para a cama. Era uma trégua delicada como uma teia de aranha, e os lençóis que podiam estar com o cheiro da loção pós-barba de outro menino acabariam de vez com ela.

Laura esticou o braço e procurou pela colcha de retalhos que ficava embaixo de sua cama. Ela nunca usava aquela colcha, porque era recheada com penas que faziam seu nariz coçar. Mas Laura precisava aprender a ser menos egoísta, e aquele era um bom lugar para começar.

# Capítulo dezesseis

Havia tensão no ar na manhã seguinte – Laura e Tom estavam sendo muito mais educados um com o outro do que o normal, por exemplo –, mas isso era de se esperar.

Eles tinham transado. De verdade. E tudo ficara diferente. Fazer sexo significava que estavam mais comprometidos do que nunca, mas os dois precisavam resolver como iam conseguir continuar namorando, se havia uma distância de quase quinhentos quilômetros entre eles.

Talvez fosse por isso que Tom estivesse sentado no sofá com sua expressão mais melancólica. Mas também podia ser por ele estar assistindo ao show que Laura tinha de aguentar todo dia, em *technicolor* e com *surround sound.* Candy estava fazendo as malas para ir a Nova York, o que significava que havia berrado sem parar, reclamando que odiava fazer malas, e finalmente se atirado nos braços de Laura, implorando para que ela fizesse um chá. Hadley bebia refrigerante, procurando por notícias sobre ela própria na internet e soltando um grito toda vez que achava uma. E Irina, meu Deus, andava de um lado para o outro de sutiã e calcinha enfiada na bunda, comendo uma salsicha fedorenta. Ou seja, era um dia como outro qualquer no apartamento da agência de modelos Fierce.

Laura havia decidido que, a partir daquela manhã, sua vida ia ser outra. Ela e Tom estavam quase se entendendo, então aquele item da lista já podia ser riscado. A próxima tarefa era aprender a preparar aveia para o café da manhã, pois todas as matérias sobre dieta que Laura tinha lido na vida exaltavam as qualidades desse alimento, embora ele fosse sem gosto e cheio de bolotas.

– Pode pegar meus mirtilos e colocar em cima, senão fica com um gosto horrível – murmurou Hadley ao ver Laura tirando uma tigela de aveia do micro-ondas. – Aveia é ótimo. Você está de dieta?

A velha Laura teria negado ferozmente, mas a nova Laura pegou um pneuzinho entre o indicador e o polegar com ar de tristeza e, depois de se certificar de que Irina não estava escutando, falou:

– Vou ser demitida da Fierce se não perder peso.

Hadley sorriu como quem entendia bem do que ela estava falando.

– Olha, eu não como nada que tenha açúcar branco desde que tinha oito anos. Ganho um quilo só de olhar para uma bomba de chocolate. Quanto você precisa perder? – perguntou ela, passando os olhos pelo corpo de Laura, que ainda estava coberto pelo pijama. – Uns oito quilos, não é?

– É, mais ou...

– Você devia começar a correr. Tudo que faz nossos batimentos cardíacos acelerarem ajuda a queimar gordura mais depressa. Amêndoas e sushi também funcionam, mas não coma as duas coisas ao mesmo tempo. Se você quiser algumas dicas, é só me perguntar. Cara, dá para acreditar nessa roupa da Paris Hilton?

Hadley já tinha parado de prestar atenção em Laura e voltado seu foco para o tabloide que tinha nas mãos. Laura aproveitou a oportunidade para pegar um punhado dos mirtilos que ela oferecera.

Tom olhava para Hadley com enorme espanto. Mas não estava agindo como alguém que se arrependera do que fizera na noite anterior, nem falando em pegar o trem de volta para casa. Laura o encarou, comendo uma colherada da aveia e tentando não passar mal com o gosto.

– Ai, aveia é uma droga. – Candy entrou na cozinha e procurou algo no cesto de roupa limpa que estava em cima da máquina de lavar. – Se você quiser perder peso, é só parar de comer besteira. Não peça mais comida e passe a tomar leite desnatado e sei lá mais o quê.

– Por que todo mundo é especialista em dieta, com exceção de mim? – resmungou Laura. – O Ted e a Heidi disseram que eu nunca mais posso comer chocolate.

– Não queria ser você. – Candy sorriu e pegou um sutiã cor-de-rosa com bolinhas. – Mas não fique frustrada, porque o corpo violão vai estar com tudo na temporada outono/inverno. Pelo menos, foi isso que o Isaac, amigo da minha mãe, falou.

Laura engoliu outra colherada de aveia. Não era tão mal se ela tapasse o nariz.

– Foi mal, mas não falo essa língua que você falou.

Candy revirou os olhos.

– Quer dizer que curvas vão entrar na moda de novo – informou ela, orgulhosa. – Laurinha, você nunca vai ser um palito, mas tem um corpo de ampulheta debaixo dessas gordurinhas. Se você perder peso antes da próxima temporada, vai ganhar a maior grana.

– Sério? – perguntou Laura, sem acreditar muito.

Era estranho receber conselhos em vez de dá-los. Sempre havia sido ela quem falava para Cath e Jen o que estava na moda e o que não estava. Elas jamais haviam ousado dar opiniões sobre o assunto.

– Tenho uns *look-books* no meu quarto, depois eu mostro – ofereceu Candy com os braços cheios de roupas limpas.

– Laura, será que a gente pode sair?

Laura ouviu Tom reclamando, encostado na porta da frente, e interrompeu a animada conversa que estava tendo com Candy sobre o que era melhor: cintura alta ou cintura baixa.

– Desculpe, esqueci que você estava aqui – disse ela.

Aquela era a coisa mais horrível que ela poderia ter escolhido para dizer. Tom fez uma careta, o que mostrava que seus pensamentos eram tão feios quanto a cara dele. Candy olhou para Laura com uma expressão que dizia "se ferrou" e ela tirou as revistas de moda que estavam em seu colo.

– Desculpe... Mas é que você faz parte da minha vida de Manchester e... – Laura sabia que estava piorando cada vez mais a situação. – É, vamos sair. Vou mostrar a vizinhança para você.

Laura devia ter se sentido feliz e normal ao caminhar pela Camden High Street com Tom, de mãos dadas com ele. Mas Tom não queria olhar as barraquinhas que vendiam DVDs piratas ou camisetas com frases engraçadinhas. Ele saiu arrastando Laura como se os dois estivessem participando de uma corrida, mas os turistas esbarravam neles toda hora, e em dado momento Laura precisou largar a mão dele para não se machucar.

– A gente pode ir ao zoológico do Regent's Park – sugeriu ela sem muito entusiasmo, pois Tom não se interessara nem em ver o estúdio da MTV, nem em ir ao shopping ali perto, nem em dar uma olhada nas barraquinhas que vendiam roupas *vintage*. – Tem um monte de macacos lá.

Tom balançou a cabeça.

– Vamos numa lanchonete. Estou morrendo de fome. Não tem comida de verdade no seu apartamento – disse ele num tom acusatório.

Talvez aquele mau humor se evaporasse se ele tomasse um café da manhã maravilhoso. Laura até se ofereceria para pagar a conta se aquilo fizesse Tom dar um sorriso.

Eles entraram numa espelunca na Chalk Farm Road.

– Café completo, certo? – ela perguntou a Tom, fazendo gestos frenéticos para a garçonete e gritando o pedido, pois a lanchonete estava cheia. – E um café com leite desnatado.

Laura já estava sacando tudo de dieta.

Ela se voltou para Tom com um sorriso no rosto, mas então viu que ele a encarava com uma expressão curiosa. Laura tocou o rosto para ver se estava com uma meleca no nariz. Nem a Tyra Banks ficava bonita com uma meleca no nariz.

– O que foi? – perguntou ela, já na defensiva. – Por que está me olhando desse jeito?

– Você fica diferente quando está em Londres. Toda glamourosa.

– Tom, eu não lavo meu cabelo há dois dias e esse casaco já está andando sozinho de tão sujo...

– Não estou falando do seu cabelo, estou falando de você toda. Você parece estar resplandecente.

De repente, o fato de ter feito sexo a deixara com um brilho a mais. Ou era isso, ou era o bronzeador novo.

– Estou vendo um novo lado seu – explicou Tom. – Você tem amigas íntimas que eu nem conhecia, e fala sobre coisas que eu não entendo. É um choque para mim, entendeu?

– Mas eu ainda sou a mesma pessoa – insistiu Laura, sorrindo para a garçonete, que estava colocando as xícaras na mesa. – E, para falar a verdade, quase nunca entendo o que a Hadley e a Candy falam. Elas são muito sofisticadas e eu sou só uma menina de Manchester.

– Não tem nada de errado com Manchester – disse Tom, que ficara indignado automaticamente com a possibilidade de alguém estar falando mal de sua cidade natal. – Essas meninas falam de roupas e partes do corpo o tempo todo como... como se o corpo delas não fosse mesmo delas. Como se fosse uma coleção de partes que vão ser vendidas num leilão.

– A gente se acostuma. – Laura franziu o nariz. – Tipo, quando você tira umas fotos, todo mundo faz tudo que você pede, mas eles também ficam falando do seu corpo como se você não estivesse ali do lado.

Mas quando ela explicou para Tom com riqueza de detalhes que ver cinco pessoas discutindo como disfarçar o queixo um pouco proeminente dela não a deixava tão zangada assim, ele fez uma expressão neutra. Até mexeu numa cutícula e disfarçou um bocejo. Laura conhecia Tom bem demais e sabia que aqueles não eram bons sinais.

– Bom, você está claramente quase morrendo de tédio – disse ela, espantada por nem tudo ter sido resolvido após eles terem feito sexo. – Você está assim por causa de ontem à noite? Quer conversar sobre...

Tom parou de contemplar a poça de ketchup que havia feito em seu prato e perguntou:

– Você me ama, Laura?

Pelo menos, isso era fácil de responder.

– Lógico que amo. Por que você está perguntando isso? É por causa de todas aquelas coisas que eu falei ao telefone?

Tom afastou sua xícara e pegou a mão dela, acariciando os nós de seus dedos.

– Mas o quanto você me ama?

Tom em geral não era tão carente assim, mas Laura entendia. E como.

– É impossível quantificar – disse ela com firmeza. – Mas eu amo muito. Muito, mesmo.

"Muito mesmo" não pareceu ser uma resposta boa o suficiente, pois Tom apertou os dedos dela com força.

– Você me ama mais do que ama sua carreira de modelo?

– Tom...

– Me ama o suficiente para largar isso aqui, se eu pedisse?

Primeiro Laura achou que fosse um teste. Um blefe cruel. Como aquela história sobre o rei Salomão ameaçar cortar uma criança ao meio para saber quem era sua mãe verdadeira.

Mas havia uma determinação estranha nos olhos de Tom, como se ele estivesse se forçando a enfiar a mão numa tigela cheia de bichos peçonhentos. E, para deixar bem claro o que estava exigindo, ele disse:

– Se você me ama, vai desistir.

Laura sempre achara que Tom era um pouco mais apaixonado por ela do que ela por ele. Mas isso pertencia ao passado. A nova Laura sabia que não era verdade. O amor dele não era maior, nem melhor, nem mais sábio.

– Isso é a mesma coisa que eu pedir para você não ir para Oxford. Ou para nunca mais jogar futebol – protestou ela. – Se você me amasse, não ia me pedir para abrir mão de algo que é tão importante para mim.

– É completamente diferente – disse Tom, com teimosia nos olhos. – Quando eu estudo para entrar em Oxford ou jogo futebol, não viro uma maluca emotiva sem controle.

Então agora era a hora de falar sobre aquilo.

– Você está me pedindo isso porque eu fiquei com aquele cara?

Tom não disse nada. Mas fez uma careta e ficou em silêncio por tanto tempo que a garçonete trouxe outra xícara de café para Laura e ela chegou a dar o primeiro gole.

– Você precisa voltar a confiar em mim – explicou ela calmamente, embora não estivesse se sentindo calma, e soltando a mão dele. – Sei que a culpa foi minha, Tom. Mas se você não me perdoar, como vamos poder seguir em frente?

Ele deu de ombros.

– Não sei.

– Mas a gente transou! – exclamou ela. – Sei que não foi no momento mais perfeito, mas consertou tudo. Não consertou?

Aquele era o momento em que Tom deveria ter dito que só estava de mau humor por ter dormido pouco e que por isso descontava em cima dela. Mas não foi isso o que ele falou.

– O fato de a gente ter transado não faz a merda que você aprontou desaparecer – declarou ele cruelmente, esquecendo de tudo o que sussurrara no ouvido de Laura enquanto eles faziam sexo. – Você dormiu com dois caras diferentes em vinte e quatro horas. Não sei por que isso me faria confiar em você.

Aquele não era um argumento razoável. Afinal, era uma maneira de ver a situação – mas Laura tinha outra bem diferente.

– Você beijou aquela menina – lembrou ela. – Você admitiu. E nem se incomodou em tomar providências para mantê-la afastada de mim depois.

Laura esticou a mão para fazer um carinho no braço dele, para tocá-lo, pois, apesar de estar implorando e exalando desespero por todos os poros, sabia que não estava funcionando. Tom afastou o braço antes que ela encostasse nele, e Laura compreendeu tudo.

– Você não vai nem tentar encontrar uma maneira de se entender comigo? Vai me dar esse ultimato idiota, que você *sabia* que não ia adiantar, só para a culpa de tudo ser minha? – perguntou Laura, sentindo a indignação tomar sua garganta como um alimento regurgitado.

– A culpa *é* sua – disse Tom, sem entender que precisava mudar o disco. – Você dormiu com um cara qualquer e nem sabe o nome dele. Você se afastou, correndo atrás de um sonho idiota, Laura. Malhar para poder caber nos vestidos da próxima estação? Isso não é a vida real.

– É a *minha* vida.

Laura estava preparada para brigar mais um pouco, pois valia a pena fazer isso em nome daquele namoro. Se ela aprendera alguma coisa nos últimos dois meses, era que não bastava querer alguma coisa; era preciso lutar por ela.

– Esse é o meu mundo agora. Mas eu estou tentando mudar. Toda essa história nossa está me fazendo perceber que preciso me analisar melhor e consertar algumas coisas.

– Mas esse é o problema – suspirou Tom, olhando pela janela com uma cara de quem preferiria estar do lado de fora, na chuva, do que ali dentro com ela. – Você já mudou. Você costumava ser maneira, mas agora é superficial. Só se importa com a sua aparência e com o que os outros pensam dela.

Havia dois meses, isso era verdade. Mas agora Laura estava se conhecendo cada vez mais.

– Sabe, mesmo que eu entrasse na sua e prometesse nunca mais deixar alguém tirar uma foto minha, a gente ia acabar terminando – declarou ela.

Era estranho, porque apesar de Tom estar do outro lado da mesa, com os joelhos encostando nos dela, ele parecia mais distante agora do que quando estava em Manchester.

– A gente ia acabar terminando porque você dormiu com outro cara, e porque não assume responsabilidade por nada do que acontece com você, pois isso seria esforço demais.

Mais cedo ou mais tarde, esse processo horrível e torturante ia acabar.

– Eu assumo a responsabilidade pelas coisas. Assumo!

Tom não se abalou.

– Falou! Vou acreditar nisso quando vir você na capa da *Vogue*. Você vai voltar para casa daqui a um mês no máximo, Laura. Não tem força de vontade o suficiente.

– Para! Para! – implorou ela, com as mãos tapando os ouvidos. – Como você pode agir assim depois de ontem à noite? Você foi meu primeiro... meu primeiro tudo.

Laura queria falar algo profundo que servisse de tributo aos restos esmigalhados do namoro deles, mas não conseguiu pensar em nada além de:

– Cara, que merda.

– É mesmo – concordou Tom, pegando o casaco das costas da cadeira. – Então acho que é isso, né?

Laura assentiu. Ela não ia chorar, pois não queria que ele voltasse para Manchester e contasse para todo mundo, para *Cassie*, que a deixara arrasada e jorrando lágrimas em cima do café da manhã.

– Bom, acho que a gente não vai se ver por aí. – Tom fez questão de pisar um pouco mais naquele calo. – Você devia ligar para a Jen e a Cath. Elas estão muito chateadas.

E com essa não despedida, ele se foi, atravessando a rua e quase sendo atingido por um ônibus, que, infelizmente, desviou a tempo.

# Capítulo dezessete

Estagnação. Era uma boa palavra para descrever a semana seguinte, que foi vazia de ação ou sentido.

Os testes haviam sumido como o leito de um rio no meio da seca, e tudo o que Laura tinha para fazer era ir à academia ou ficar no apartamento pensando sem parar no mês que lhe restava para provar que era uma boa modelo, e que mais parecia o último mês de vida de um condenado antes da execução. Laura só esquecia daquilo quando estava pensando obsessivamente em Tom.

Ela sabia que não havia mais volta, o que a deixava com ódio. Não podia ligar para ele. Ou mandar um e-mail. Ou fazer um CD de músicas românticas, com o objetivo de arrasar com o muro de pedra que Tom construíra em volta de seu coração. Tudo o que Laura podia fazer era refletir sobre seu fracasso como namorada. E seu fracasso como modelo. Parecia que a batalha estava perdida nas duas frentes.

Mas Laura tinha certeza de uma coisa: ela não ia de jeito nenhum voltar para Manchester com a palavra "fracasso" tatuada na testa. Tom podia ter lhe dado um pé na bunda, mas ele não tinha o direito de desprezar a carreira que ela escolhera. Ela ia ser modelo, nem que para isso precisasse subsistir com uma dieta de folhas de alface e obter aquele "it" que não possuía e não sabia onde encontrar. Só que passar o dia inteiro em casa de pijama provavelmente não estava ajudando. Mas, em compensação, seu apetite havia desaparecido junto com Tom. Laura não queria nem comer chocolate. A situação era grave.

Pelo menos, o apartamento era só dela agora. Candy decidira passar mais tempo em Nova York, Irina havia voado em sua vassoura para Munique e Hadley estava gravando um programa de TV com George, o que era um enorme sucesso para uma menina cujo único talento consistia em cair escada abaixo todas as noites de tanto beber.

Portanto, estagnação. Até que, numa quarta-feira de manhã, Laura foi acordada por algum idiota que estava tocando a campainha às 7h30 da manhã. Sem parar. Ela desceu as escadas, pronta para gritar com o carteiro ou quem quer que fosse, e deu de cara com Pei-Yi, o professor de ioga de Candy.

– Ela ainda não voltou de Nova York – grunhiu Laura, abrindo apenas um dos olhos. – Alguém devia ter lhe avisado.

Pei-Yi era zen demais para se zangar. Devia ser aquele negócio de imitar a pose do cachorro olhando para baixo que o deixava tão calminho. Ele meramente deu de ombros de um jeito fluido, como um rio que passa pelas pedras.

– Ela me pagou até o resto do mês – explicou ele. – Quer fazer uma aula de ioga?

Laura não queria fazer uma aula de ioga. Queria voltar para cama e dormir até que seu programa de televisão preferido começasse, mas Pei-Yi recusou-se a aceitar um não como resposta. Ele parecia aquele velhinho do *Karatê Kid*. Devia ser por isso que apenas cinco minutos depois Laura já estava com a espinha ereta, tentando encontrar os chacras que Pei-Yi insistiu em dizer que ela possuía.

Laura sempre tinha achado que ioga era coisa da terceira idade. Afinal, sua mãe fazia. Mas, depois de duas horas de aula, ela estava coberta por uma fina camada de suor e todos os seus músculos tremiam de tanto trabalhar.

– Volto amanhã – disse Pei-Yi firmemente, enrolando seu tapetinho de ioga. – Você devia fazer uma desintoxicação pelos próximos quatro dias. Sinto muita energia negativa bloqueando os seus chacras. Beba muita água ou chá de massala e coma apenas frutas e vegetais crus. Nada de cítricos. E eu recomendo bastante exercício para clarear sua mente.

– Pode deixar! – assentiu Laura alegremente, pensando em voltar para o seu edredom assim que ele fosse embora.

Pei-Yi sorriu com serenidade.

– Se você mentir para mim, eu vou descobrir. Só de olhar para a parte branca dos seus olhos.

Que medo.

Só que Laura ficou mais assustada ainda quando entrou no quarto de Irina, tentando encontrar uma blusa sua que havia desaparecido sem deixar rastros. O quarto de Irina era proibido para todos. Era bem possível que Irina fosse capaz de assassinar qualquer um que ousasse ultrapassar o portal sagrado e adentrá-lo. E não era de admirar: misturados com os macacões cinza que ela sempre usava, havia uma montanha de vestidos de marca digna de qualquer socialite do mundo. Laura tentou se enfiar em alguns deles, mas todos eram tamanho 36, e lógico que os zíperes não fecharam.

Mas quando Laura estava se preparando para sair dali arrasada, ela reparou na decoração. Na parede, havia inúmeras fotos de páginas rasgadas de revistas e, ao lado de cada uma, uma polaróide de Irina imitando a pose da modelo.

– Aquela vaca traiçoeira – sussurrou ela.

Irina não era a modelo perfeita, que não precisava de nenhum tipo de inspiração, como Laura imaginara. Ela estava dando um duro danado. Era por isso que ela não saía da frente da televisão: não parava de assistir ao Fashion Channel.

Laura pegou um vestido Lanvin e saiu do quarto de Irina, sentindo que estava prestes a ter alguma grande revelação. Ela ainda não sabia qual seria, mas ia pensar mais no assunto enquanto corria até o mercado para comprar quilos e mais quilos de frutas e vegetais.

Mais tarde, Laura também descobriu por que Hadley passava tanto tempo no banheiro; não era só para acender velas de aromaterapia e tomar banhos de banheira. A luz lá dentro era muito boa e havia um espelho de corpo inteiro, o que o tornava um ótimo lugar para praticar a arte de fazer poses.

Laura passou a fazer sucos de morango, aipo, maçã e gengibre (que não eram assim tão nojentos depois do primeiro gole) e a assistir a programas de moda. E também começou a fazer descobertas impressionantes. Por exemplo, se ela inclinasse a cabeça num ângulo de trinta graus, apareciam umas rugas muito feias no seu pescoço. Quando virava um pouco para a esquerda, parecia mais magra do que quando virava um pouco para a direita. E não devia nunca, nunca, posar com as mãos na cintura, pois ficava parecendo uma bola de tão gorda. Laura criou seu próprio curso expresso de como se tornar modelo em um mês. Ela até tirou o tapete da sala para praticar andar de salto alto.

Mas, de que tudo isso adiantava? Heidi só ligara uma vez, para ver se Laura havia se atirado pela janela num ataque de depressão suicida.

– Acho que ela está de mal comigo – disse para Cath pelo telefone.

As duas haviam trocado alguns e-mails furiosos antes de decidir que estavam agindo como imbecis e voltar a se falar. Além disso, Laura prometera apresentar Cath para Orlando Bloom, se algum dia o conhecesse, mas isso ela resolveria mais tarde.

– Ou eu estou de mal com ela. Não decidi ainda.

– Você devia ligar para ela, Laura. Ela deve achar que você está enfiando alfinetes numa boneca de vodu. Não está, está?

– Até já pensei na hipótese, mas não estou, não.

– Parece que você está dando duro. Tipo, que você decidiu que quer mesmo ser modelo.

Cath falou isso com certa cautela porque, se elas saíssem um pouco do assunto e começassem a falar de meninas que mentiam para as amigas e diziam que sua carreira de modelo estava indo de vento em popa, a coisa podia acabar mal.

– É que eu estou presa nesse apartamento sem nada para fazer e achei melhor usar meu tempo de maneira construtiva. Mas mesmo que eu fosse a um teste e mostrasse tudo o que aprendi, não seria garantia de que eu ia conseguir um trabalho. Posso estar fazendo tudo errado.

– Mas achei que você já soubesse muito bem como ser modelo – disse Cath, e Laura viu que ela estava prestes a fazer um comentário maldoso.

– Acho que eu não sabia tão bem quanto pensava – admitiu Laura, após alguns segundos. – E acho que não sou tão bonita quanto achava que era, mas agora sei fingir que sou.

A humildade era como uma nova roupa que ela estava experimentando. Só que não tinha certeza se aquela cor lhe caía bem.

No dia em que Laura conseguiu entrar na calça mais apertada que possuía sem usar um cabide para fechar o zíper, ela ligou para Heidi.

– Já era hora. – Heidi nem ao menos perguntou como Laura estava. – Arrumei um trabalho para você.

Aquelas cinco palavrinhas levaram Laura até as nuvens.

– Arrumou? Que maravilha!

– Você não se importa de trabalhar de graça, se importa?

E aquelas dez palavrinhas fizeram com que ela desabasse de cara no chão.

– Como assim? Eu entrei na minha calça mais apertada!

– Um dos amigos do meu namorado é assistente de um fotógrafo e ele precisa de uma modelo para uma sessão-teste. Se você fizer, vai ter mais algumas fotos para colocar no seu book e ganhará experiência.

"E olha que você precisa." Heidi não disse essas palavras, mas Laura sabia que ela estava pensando nelas.

– Você que sabe... – disse Heidi.

Laura não queria dar a Heidi o gostinho de poder contar para Ted que ela ainda era uma menininha mimada e sem talento.

– Beleza, eu faço.

A sessão-teste foi diferente de todas as outras de que Laura havia participado. Ela conheceu Jared, que estava treinando para ser fotógrafo, Chloe, responsável pelas roupas que ela ia usar, e Ben, que era amigo de alguém e estava ali para carregar o equipamento. Eles todos se encontraram na estação do metrô Chalk Farm e dali andaram até Primrose Hill, pois Jared queria tirar umas fotos "de ação".

– De repente, umas de você correndo, ou alguma coisa assim – Jared disse para Laura.

Laura teve de trocar de roupa no banheiro público e fazer seu próprio cabelo e maquiagem. Então ela se colocou na frente de Jared (e de um bando de meninos pentelhos que estavam ali observando tudo).

– Então, o que você quer que eu faça? – perguntou ela, balançando os braços.

Jared fez uma cara perplexa.

– Sei lá, umas poses aí.

Quando Laura estava no meio da Pose Número Três, que ela passara todo o dia anterior aperfeiçoando, os meninos começaram a sacaneá-la em voz alta.

– Você é muito ruim! – gritaram eles.

Pelo menos, não estavam chamando Laura de gorda.

– Você pode ser um pouco mais natural? – sugeriu Jared. – Tipo, mais cândida. Eu vi umas fotos da Elaine Constantine, é mais ou menos isso que eu quero.

Elaine Constantine. Ela conhecia aquele nome. Laura procurou em sua mente por alguma foto daquela mulher. Pronto! Elaine Constantine havia tirado aquela foto das meninas andando de bicicleta que estava colada na parede do seu quarto.

– Tá, já sei exatamente o que você quer – Laura sorriu.

Ela correu na direção dos meninos sacudindo os punhos no ar e gritou:

– SAIAM DAQUI!!!

Os meninos saíram correndo e Jared tirou várias fotos.

– Isso, isso! – Ele se entusiasmou. – É isso aí.

A sessão foi a malhação mais pesada da vida de Laura. Ela deu cambalhotas, ficou de pernas para o ar apoiada só nas mãos, pendurou-se de cabeça para baixo numa árvore e, no final, convenceu um casal gay a lhe emprestar seus dois dálmatas para que ela pudesse ser arrastada pelo parque enquanto os cães corriam atrás de um cãozinho menor.

– Você foi maravilhosa – afirmou Jared, felicíssimo.

Eles estavam sentados num barzinho, bebendo Coca light. Pei-Yi havia proibido Laura de ingerir cafeína, mas as circunstâncias exigiam um estimulante.

– Topa fazer mais uma sessão na semana que vem?

Laura sabia que não ia ganhar nada por uma sessão-teste. Nem impressionar nenhum editor de moda. Mas fazia muito tempo que ela não se divertia tanto quanto naquela tarde. Além disso, Jared explicara por que algumas das poses não tinham dado certo usando palavras com menos de três sílabas e, portanto, ela estava aprendendo coisas também.

– Lógico! – respondeu Laura, ofegante. – Vou lhe dar meu celular.

– Minha amiga precisa de uma modelo para uma sessão-teste amanhã – disse Chloe. – Ela paga cinquenta libras e pode lhe dar algumas fotos.

– E minha namorada é estilista – completou Ben. – Ela precisa de alguém para ser modelo de provas das roupas que faz. Você é quase tamanho 36, não é?

Qual era o oposto de estagnação? Avalanche? Exaustão? Laura ia ter de perguntar a Tom, pois seu vocabulário era melhor do que o dela. Mas, de repente, ele tinha saído do país e entrado para a Legião Estrangeira.

Quando Laura chegou em Londres, ela achava que já era uma modelo de sucesso por ter ganhado o *Quero ser modelo*. Depois, virou a Menina que Não Conseguia Trabalhos. E agora era a Menina que Topava Fazer Sessões-Teste. Desde aquela tarde em Primrose Hill, seu telefone parecia ter sido distribuído para todos os fotógrafos, maquiadores, estilistas e cabeleireiros em início de carreira da cidade. Não que Laura estivesse reclamando. Bom, ela reclamou um pouquinho no início, mas começou a ficar ocupada demais para isso. Seu último mês na Fierce já havia se passado, mas Laura não tinha arrumado tempo nem para se preocupar com isso.

Ela não estava ganhando nenhum dinheiro, mas havia conseguido algumas fotos ótimas para o seu book (e algumas horríveis, tiradas por estudantes de fotografia que precisavam estudar bem mais), roupas de graça e, o que era ainda melhor, uns apliques de cabelo num salão de beleza para o qual fizera um trabalho.

Ninguém parecia se incomodar com o fato de que Laura *ainda* não conseguia entrar numa roupa tamanho 36. Mas, embora Pei-Yi a houvesse proibido de subir na balança (e Laura tinha certeza de que ele descobriria se ela subisse), porque estava ganhando músculos que pesavam mais do que gordura, ela viu que algo diferente acontecia com seu corpo. Diferente de um jeito bom. Ele estava firme, e não havia mais flacidez em lugar nenhum.

Até que enfim! Tirando um dia em que Laura havia ficado em casa num sábado à noite e comido um pote inteiro de sorvete de chocolate, sua alimentação estava impecável. Ela comia aveia de manhã (depois de descobrir a combinação perfeita, que incluía morangos e amêndoas picadas), nove porções de frutas e vegetais por dia e peito de frango grelhado, e já nem sentia mais que estava de dieta. Comer direito se tornou um hábito. Assim como abandonar a academia e correr pelo Regent's Park ouvindo Go!Team no iPod. Mas nem assim Laura conseguiu caber no vestido Lanvin, o que era a coisa mais injusta deste mundo.

Pelo menos, começaram a aparecer alguns trabalhos pagos, graças a seus novos amigos iniciantes no mundo da moda. Ela tirou algumas fotos para uma revista de adolescentes e fez uma *beauty shot* para uma revista japonesa *cult*. Não se comparava com Irina, que conseguira sair na capa da *Vogue* australiana, mas já era alguma coisa.

E também era uma boa maneira de avaliar a competição. Os trabalhos que Laura estava arrumando eram sempre disputados por outras *new faces*. As meninas do Leste Europeu pareciam modelos-robôs. Elas davam alguns ataques no camarim, se as coisas não saíam do jeito que queriam, mas, na hora de tirar fotos, pareciam cavalos de corrida de tão eficientes – enquanto Laura se sentia uma mula empacada.

E *todas* as outras meninas eram magras. Altas e esguias, com pernas que iam até as axilas; até uma menina assustada de dezesseis anos que estava fazendo seu primeiro trabalho, cuja mãe se encontrava no set, e que passou o tempo todo tremendo enquanto o fotógrafo as clicava. Elas estavam tirando fotos com pulôveres, e Laura e a menina deveriam agir como se fossem melhores amigas, e não como duas pessoas que mal se conheciam.

– Esqueça que o fotógrafo está ali – sussurrou ela para a menina.

– Mas ele *está* ali! E essa lã está me fazendo cócegas.

Laura viu que o fotógrafo estava impaciente. Ela brincou com as borlas do cachecol que estava usando, até que teve uma ideia e arrancou-o do pescoço.

– Pegue isso! – gritou Laura, jogando o cachecol para a menina e pegando a outra ponta.

Ninguém conseguia ficar nervoso enquanto brincava de cabo de guerra. Era simplesmente impossível. O fotógrafo clicou, clicou, clicou, até que as duas caíram no chão do estúdio de tanto rir.

– Foi a Laura que salvou a sua pele – grunhiu ele.

Mas a novata já estava correndo na direção da mãe, que segurava uma caixa de rosquinhas doces. Laura se espreguiçou e se remexeu. Aquela lã fazia cócegas mesmo.

– Você é da Fierce, não é? – perguntou o fotógrafo, entregando uma garrafa de água para ela. – Uma das meninas da Heidi?

Era nesse momento que Laura costumava contar que tinha ganhado o *Quero ser modelo*. Mas, dessa vez, ela só assentiu.

– Sou. Trabalho como modelo, manequim e faço até faxina.

– Vou me lembrar disso. Você tem feições muito simétricas. – Ele então se virou e reclamou com o assistente a respeito das marcas que haviam sido feitas no fundo do colorama.

Laura mal podia esperar para se livrar daquele pulôver, que a estava deixando irritada. A novata estava enfiando rosquinhas na boca com uma rapidez impressionante e, por um segundo, Laura a odiou por ser tão magra e ter o metabolismo tão rápido. Um segundo depois, ela deixou para lá; comer aveia todo dia não era tão ruim assim.

Dez minutos depois, ela estava pronta para ir embora. Só precisava passar no banheiro e depois iria encontrar dois de seus novos amigos fotógrafos num barzinho.

Laura se sentou na privada e ficou olhando o próprio umbigo. Definitivamente, havia menos banha em volta dele. Outra menina fechou a porta do cubículo ao lado e Laura lembrou que tinha de ir. Ela fechou o zíper de sua calça jeans mais apertada e então estacou, pois ouviu alguém vomitando.

Será que ela deveria perguntar se a menina estava bem, ou isso ia deixá-la constrangida? Antes que Laura tivesse chance de dizer qualquer coisa, outra pessoa entrou no banheiro e bateu na porta.

– Já acabou? – perguntou uma mulher. – Vomite tudo.

– Quase, mãe.

Laura percebeu que aquela era a voz da novata e ficou paralisada de horror. *Mas o que...*

– Que pena que você não teve desenvoltura nenhuma na hora de tirar as fotos – continuou a mulher. – Você é bem mais bonita e bem mais magra do que a outra modelo. Vamos trabalhar nas suas poses quando chegarmos em casa.

A menina não respondeu, apenas continuou vomitando.

Laura deslizou pela parede até sentar no chão, e pressionou as palmas das mãos contra os olhos. Mal conseguia respirar. Foi só por isso que ela não arrancou aquela menina dali naquele instante e carregou-a até a Delegacia de Segurança e Proteção ao Menor.

Quando a Mãe dos Infernos e sua filha finalmente foram embora, Laura fez algo que jamais havia imaginado fazer.

– Laura, você tem de parar de chorar, porque não estou entendendo nem uma palavra que você está falando – suspirou Heidi, dando um lenço para ela assoar o nariz.

Laura se afundou mais no sofá cor-de-rosa em que estava sentada. Já havia acabado a hora do expediente, e Heidi só estava ali esperando um telefonema de Los Angeles. Ela não sabia se tinha sido uma boa ideia ir até ali chorar em cima da blusa Eley Kishimoto de Heidi, mas precisava fazer alguma coisa.

– Tome – Heidi entregou-lhe uma garrafa de água e observou-a com atenção. – Agora me conte por que você está assim.

Laura, aos soluços, contou a história da mãe que tinha mandado a própria filha vomitar.

– Eu não sabia o que fazer, e achei que você podia ajudar – concluiu ela.

Heidi se inclinou e deu um abraço totalmente espontâneo em Laura, o que a deixou quase tão assustada quanto a cena que presenciara no banheiro.

– Não vai ser difícil descobrir a agência dela. Aí, eu posso conversar com o *booker*, se é que isso vai adiantar alguma coisa.

– O *booker* dela devia denunciar isso – choramingou Laura, que já transformara o lenço numa massa pastosa. – E a mãe dela devia ser presa. Acho que foi por isso que o Ted ficou tão zangado quando eu fiz aquela piada sobre bulimia.

– O mundo da moda pode ser muito cruel. – Heidi cruzou as pernas e pareceu muito menos assustadora do que o normal. – Eu saí da minha última agência depois que eles mandaram duas modelos que vestiam 36 ao médico, porque queriam que elas tomassem laxantes antes de uma sessão importante.

– Que horror! – exclamou Laura, já achando que tomar sucos e ficar com os músculos doendo todos os dias não era nada. – Então você vai falar com o *booker* dela?

– Vou. De repente, eu mando o Ted ligar. Ele mete mais medo do que eu.

Laura refletiu sobre aquilo. Para ela, Heidi era a criatura mais aterrorizante do planeta.

– Bom, mudando completamente de assunto, seria bom você dar uma passada aqui na semana que vem – disse Heidi, enquanto Laura tomava metade da garrafa de água de um só gole. – Podemos ver suas fotos novas e atualizar seu book.

Subitamente, Laura pensou em um milhão de perguntas que queria fazer. Vocês ainda estão pensando em me demitir? Eu ainda sou contratada da Fierce? Você vai voltar a me mandar para testes? Por que não me chamou para conversar nenhuma vez nas últimas sete semanas? Eram perguntas suficientes para um mês, mas Laura disse simplesmente:

– Tudo bem. Tenho de treinar para fazer um desfile de uns estilistas universitários, mas estou livre a partir de quarta-feira.

Pei-Yi havia acabado com todo o seu mau humor. Candy já voltara de Nova York, mas Laura ainda estava participando das aulas todas as manhãs. Ela se oferecera para pagar, mas Candy tinha recusado.

– Pelo menos, ele para um pouco de implicar comigo – explicara Candy. – Cara, sua Saudação ao Sol precisa melhorar muito.

Laura esticou as pernas e percebeu que Heidi estava lhe fazendo uma pergunta.

– Foi mal. Eu estava viajando.

– Eu perguntei que desfile para estilistas universitários é esse.

– Ah, eles são da Faculdade Central Saint Martin's. É um casal de estilistas que está no último ano, e a Candy os conhece de algum lugar. Estão fazendo um desfile conjunto. – Laura procurou na bolsa o papelzinho onde anotara os detalhes.

– Esse é o desfile do Jack e da Jane?

– É. Como você sabe? – perguntou Laura. – Eu posso participar dele? É que eu não tenho experiência em fazer desfile, e ando praticando como caminhar na passarela. Já estou conseguindo andar de salto doze.

– Meu Deus, será que essa é a mesma Laura? – Heidi emitiu um som que talvez fosse uma risada. – É claro que você pode fazer. Tenho ouvido falar muito desses dois. Dizem que eles são os novos Antoni & Alison. Estou impressionada. Na verdade, todo mundo anda falando bem de você.

Os elogios de Heidi, apesar de não serem muito entusiásticos, foram tão inesperados que Laura ficou desarmada.

– O que andam falando?

– Eu conto na semana que vem. – Heidi abriu um sorriso horrivelmente enigmático. – Não sei quanto a você, mas eu quero chegar em casa antes que *Lost* comece. Quer pegar o metrô comigo?

Laura apontou para suas sapatilhas.

– Se a distância for menos de cinco quilômetros, eu vou a pé. Tenho bolhas nos pés.

– Laura, você foi abduzida por alienígenas e mandaram outra no seu lugar. – Heidi ficou de pé e olhou Laura de um jeito atento que não mostrava se ela estava satisfeita ou não. – É melhor botar um gelo no rosto antes de chegar em casa, ou você vai estar inchada amanhã.

Fingir ser linda dava muito mais trabalho do que só ser bonita.

# Capítulo dezoito

Todo mundo nos bastidores do desfile estava quase ficando histérico.

Laura observou a loucura de cima do banquinho bambo onde estava sentada, usando só uma calcinha e um top tomara que caia que lhe segurava os seios, pois eles não haviam diminuído muito com a dieta. Ela continuou a colocar delineador nos olhos, enquanto Jane gritava:

– Dez minutos, pessoal! Quero que todas as modelos estejam prontas para vestir as roupas em sessenta segundos, ou vou começar a dar umas palmadas em vocês!

Jack, o marido dela, estava fumando um cigarro atrás do outro num canto, incapaz de ajudar em qualquer coisa.

Se Laura se concentrasse em desenhar uma linha verde sobre as pálpebras, então podia tentar ignorar o embrulho que sentia no estômago. Depois de colocar um pouco de gloss nos lábios, ela pulou de cima do banquinho e correu até onde Jane estava.

– Pronto, pode colocar a roupa.

Jane estalou os dedos para uma das amigas que havia sido obrigada a ajudar no desfile, e elas duas enfiaram um vestido vermelho bem justo em Laura. Ela passou a mão pelo corpete do vestido e Jane lhe deu um tapa. Com força.

– Não toque no tecido! – rosnou ela, ajustando melhor o vestido e afofando a franja que havia na borda. – E lembre-se: seja alegre e maliciosa. Vai, vai!

Jane pegou o braço de Laura, arrastou-a até uma cortina e empurrou-a para a frente, antes que Laura pudesse se dar conta de que estava prestes a entrar numa passarela. Ela estava numa *passarela*, pelo amor de Deus!

Era um enorme retângulo branco que se estendia até o infinito, ladeado por rostos ansiosos e flashes pipocando. Laura colocou um pé na frente e sentiu uma onda de energia, como se alguém houvesse lhe dado uma injeção de adrenalina no coração, como em *Pulp Fiction - Tempo de Violência.*

O cetim vermelho do vestido de Laura farfalhou por entre suas coxas quando ela começou a andar mais rápido, com todo o seu corpo formigando de nervoso. Ela tentou se lembrar do que aprendera vendo Daria Werbowy desfilar na televisão. Não vá rápido demais. Mantenha a cabeça erguida. Faça algo com os braços. Laura chegou ao final da passarela e, quase sem perceber, já estava fazendo uma pose e se virando para voltar. E ela não planejou fazer aquilo, pois nunca dava certo quando experimentava em frente ao espelho do banheiro, mas, ao se virar lentamente, ela deu uma remexida despreocupada com os quadris.

Não houve tempo para se perguntar se dera certo ou não, pois a modelo seguinte já estava entrando na passarela. Laura caminhou de volta para o camarim, percebendo aplausos e até uns gritinhos animados, embora eles estivessem abafados pela música "Do you want to?", do Franz Ferdinand. As pessoas realmente ficavam excitadas num desfile.

A cortina já estava se levantando quando ela mergulhou por baixo dela e olhou em volta, procurando alguém que a ajudasse a sair de dentro daquele vestido.

– Laura! Que rebolada foi aquela?! – berrou Jane, correndo na direção dela.

– Foi mal. Eu achei que...

– Eu amei!! Ponha os braços para cima para eu tirar você daí de dentro. Foi maravilhoso. Vou colocar a próxima roupa que você vai usar. Quero que fique com o vestido de casamento com a minissaia, então você vai entrar por último. Você é a única que tem carne o suficiente para preenchê-lo. E, olha, quero que faça uma coisa ainda mais maluca quando se virar, OK?

– OK. Hum, você pode ser um pouco mais específica?

Mas Jane não podia, porque tinha visto que o zíper de uma modelo estava emperrado e já corria para ajudá-la.

Laura, de nervosa, passou a apavorada. O último vestido a ser mostrado na passarela – sempre um vestido de noiva – era um dos pontos altos do desfile. Mesmo que fosse o desfile de dois estilistas universitários, e não de Louis Vuitton. E agora havia essa pressão para fazer alguma coisa espetacular, sendo que Laura mal tinha forças para se manter de pé.

Laura tentou encontrar seu chacra manipura, mas, como estavam colocando um espartilho apertado nela, tudo o que conseguiu fazer foi tentar respirar e olhar para os próprios seios, que estavam quase na altura de seu queixo.

– Trinta segundos! – gritou alguém.

Laura colocou a saia armada de bombazina negra que compunha o vestido. Ela jamais vira um vestido de noiva negro, nem um com um decote tão profundo.

Laura entrou na fila atrás das outras meninas e tentou desesperadamente pensar em outra coisa para fazer na hora da virada. Mas, em pouco tempo, a modelo à sua frente já estava entrando na passarela. Ela era a próxima, e ainda não tivera nenhuma ideia.

Alguém lhe entregou um buquê de rosas vermelhas murchas e Laura começou a desfilar. Ela deu uma piscadinha para os fotógrafos quando fez a pose e, na hora de virar, deu uma rebolada extra. Mas não era o suficiente. Laura não era boa o suficiente. Ela havia se convencido de que ia dar certo como modelo só porque perdera alguns quilinhos extras, tirara algumas fotos mais ou menos boas e admitira que não sabia droga nenhuma...

Ai, cale a boca, Laura. Pare de choramingar e faça alguma coisa louca agora. Agora!

A voz de sua consciência estava cada vez mais parecida com a de Candy. O que Candy faria? O que ela não faria?

Ao se aproximar da cortina, Laura fez uma pausa e, antes que sua coragem evaporasse, atirou o buquê murcho para a plateia a fim de ficar com as duas mãos livres e poder levantar a saia, mostrando para o mundo inteiro a calcinha velha e grandalhona que estava usando.

Por um segundo, todos ficaram em silêncio e então a plateia começou a rugir. Laura não conseguiu distinguir se era um rugido bom ou ruim, e não estava nem um pouco a fim de ficar por ali para descobrir. Seus instintos insistiam para que ela saísse correndo, mas Laura se obrigou a terminar de desfilar calmamente, como se mostrasse o traseiro em público todos os dias.

Ela abriu a cortina e deu de cara com Jane, que estava ali de braços abertos.

– Eu amo você! – gritou Jane. – Sério! Vou me separar do Jack para a gente poder se casar. Ouça só esses aplausos!

– Acho que nosso casamento não seria considerado legítimo – disse Laura. – Foi legal o que eu fiz? Não tinha certeza, mas achei melhor fazer, e dane-se!

– Se isso não sair no jornal, é porque o mundo é mesmo muito injusto – anunciou Jack, que estava ali atrás fumando o vigésimo cigarro.

Ele pegou uma das mãos de Laura, e Jane segurou a outra.

– Vamos para o nosso agradecimento triunfal?

Na manhã seguinte, o sono de Laura foi interrompido pelo celular, que estava tocando, bipando e vibrando sem parar. Finalmente, ela foi forçada a levantar da cama e desligá-lo.

A noite havia sido longa e Laura não lembrava de quase nada. Candy e Hadley tinham vindo abraçá-la aos gritos na festa depois do desfile, que fora num barzinho vagabundo no bairro de Shoreditch. Laura achava que tinha algumas *drag queens* cantando no karaokê do bar, mas de repente essa parte tinha sido um sonho. Mas ela se lembrava nitidamente de ter participado de um campeonato de dança com Chloe e de ter arrasado com ela graças a uma coreografia espetacular que fizera para "Hollaback Girl". Além disso, nunca mais Laura ia pegar um ônibus com Hadley no final da noite, pois ela acabara vomitando, chorando e berrando "Odeio transporte público!".

Ela definitivamente merecia dormir um pouco mais, abraçadinha com Cenourinha, seu coelho de pelúcia.

Mas então alguém abriu a porta com um estrondo.

– Cara, você não vai acreditar! – gritou Candy, entrando no quarto e indo pular na cama de Laura. – Dá uma olhada nisso!

– Vai se ferrar – sugeriu Laura, morrendo de sono.

Mas Candy arrancou o edredom de cima dela e colocou algo na frente de seu rosto. Após alguns segundos, quando a vista de Laura entrou em foco, ela viu a foto de uma bunda e a manchete "Traseiros à vista!".

– Você saiu na capa do *The Sun* e tem uma matéria enorme no *Daily Mail* dizendo que as curvas estão na moda de novo! – exclamou Candy. – Ah, e *The Guardian* publicou uma matéria sobre aquele tipo de calcinha que você estava usando.

Laura se ergueu da cama e esfregou os olhos.

– Meu Deus, minha mãe vai me matar!

Ela ainda estava ao telefone tentando se explicar para sua mãe, dizendo "Pelo menos, era uma calcinha grande e não uma enfiada na bunda", quando Ted e Heidi apareceram. Bem, Laura achou que fossem Ted e Heidi, mas foi difícil reconhecê-los, porque ambos estavam sorrindo de orelha a orelha.

– Laura, o que foi que passou pela sua cabeça? – perguntou sua mãe. – Mostrar a calcinha daquele jeito! Vai todo mundo pensar que você não foi educada direito.

– É, mãe, eu sei – murmurou Laura, acenando para Ted e Heidi e querendo se matar de vergonha por estar vestindo uma camiseta que dizia "Odeio hippies" e uma calça de moletom. – Mas amanhã todo mundo já vai ter esquecido isso.

– É fácil para você dizer isso, mas eu nem sei se vou ter coragem de aparecer no meu grupo de leitura. E seu pai ficou *mortificado*. Não estava nem conseguindo me olhar hoje durante o café...

– Mãe, eu tenho que desligar – interrompeu Laura freneticamente, pois Ted e Heidi estavam olhando com nojo para a pilha de revistas e o monte de latas de Coca light vazias. – Sinto muito mesmo, e prometo que deixo você me dar mais bronca mais tarde.

– Mas eu ainda não...

Laura sabia que não estava sendo uma boa filha ao desligar na cara da própria mãe daquele jeito, mas precisava lidar com aquela situação imediatamente. Até porque sua reação imediata ao ver Ted e Heidi era começar a suar frio.

– Oi – ela os cumprimentou, nervosa, puxando a camiseta para baixo e dando um passo para trás de susto quando Ted pegou seu queixo com a mão. – Há quanto tempo.

– Você agora tem maçãs do rosto – anunciou ele, pegando Laura pelo ombro e levando-a até perto da janela para observá-la sob a luz do sol.

– Achei-a mais magra quando a vi da última vez, mas seu rosto estava inchado de tanto chorar e ela vestia um casaco – Heidi sentou e pegou uma meia com a ponta dos dedos. – Cara, que zona está isso aqui.

– Ela está bem mais magra, provavelmente porque desinflou um pouco aquele ego. Muito bem! – exclamou Ted, apontando os jornais que Laura havia espalhado na mesa de centro. – E isso aqui, meu bem, é sua recompensa.

Laura olhou atônita para Ted e então encarou Heidi, decidindo que ela era mais fácil de entender.

– Como é que é?

– Vá pegar as últimas fotos que você tirou para a gente poder ter uma conversinha – disse Heidi, mostrando seu BlackBerry com um ar ameaçador. – Eu tinha esquecido dessas extensões que você colocou. Acho que reprimi a memória.

Laura, que já estava fugindo corredor adentro, fez uma pausa e pegou a ponta de alguns fios de cabelo.

– Foi de graça – explicou ela, coçando a cabeça. – Mas coça.

Ted e Heidi trocaram um olhar que só podia ser descrito como significativo.

– Onde é o banheiro? – perguntou Heidi.

– É por ali, segunda porta à esquerda – indicou Laura, já pensando nas fotos que estavam espalhadas pelo chão de seu quarto. – Ei, o que vocês estão...

Ela foi agarrada e arrastada até o banheiro por seus dois *bookers*, que a colocaram na frente do espelho e se postaram um de cada lado.

– O que você vê? – perguntou Heidi para o reflexo de Laura.

Laura mal olhou para sua imagem no espelho.

– Tem uma mancha de geleia na minha camiseta, eu preciso lavar o cabelo e, hum, preciso fazer a sobrancelha.

Ted soltou um gemido exagerado.

– Você foi de narciso a avestruz em dois meses. Olhe direito!

Ele prendeu o cabelo dela nas mãos, para que Laura não pudesse virar a cabeça e fosse obrigada a encarar o rosto amassado de sono. Ela vinha passando mais tempo na frente do espelho do que nunca, mas era principalmente para inventar poses novas.

Laura olhou bem para suas feições no espelho. Então ela piscou os olhos e se sentiu como se estivesse olhando para aqueles desenhos em 3-D, que só aparecem depois de algum tempo. Subitamente, viu que tinha um par de elegantes maçãs no rosto, olhos maiores do que nunca e um queixo pontudo que fazia seus lábios parecerem estar sempre fazendo um biquinho. Ela jamais tivera muitas espinhas, mas agora sua pele estava realmente linda, apesar de ainda estar com as marcas do travesseiro. Ted soltou seu cabelo e tudo o que ela acabara de ver desapareceu.

– Sabe o que *eu* estou vendo? – perguntou ele a Heidi. – Estou vendo meu fundo de aposentadoria prontinho.

Laura olhou para os dois, espantada.

– Mas eu só consigo entrar num tamanho 36 se prender a respiração. Todas as outras meninas são mais magras do que eu.

Ela levantou a camiseta e cutucou sua barriga com o dedo. Ela ainda não era reta, e jamais seria. Mas sua curvinha diminuíra bastante e agora era apenas uma colina, não mais uma montanha. Laura tocou suas maçãs do rosto, ainda assombrada, e se virou para poder se olhar de costas.

Laura ainda tinha a bunda meio grande, mas firme, e esta não balançou loucamente quando ela deu uma rebolada experimental.

– Parece a da Gisele Bündchen – atestou Ted com firmeza.

Heidi balançou a cabeça.

– Lembra mais a da Cindy Crawford quando ela estava no auge. Suba na balança.

– Mas o Pei-Yi disse...

– Balança. Agora – insistiu Heidi, pegando uma fita métrica do bolso.

Laura pegou a balança de debaixo do armário da pia.

– Deixe eu só ver se está no zero. – Ela tentou adiar aquele momento.

Mas Ted a empurrou para cima da balança.

– Pare de enrolar a gente, querida – disse ele.

– Assim você vai acabar tendo uma hérnia. – Laura fechou os olhos ao ver que o marcador da balança estava se mexendo.

– Ah, muito melhor – disse Heidi com satisfação, já medindo os seios de Laura. – Oitenta e cinco centímetros, está tudo bem. Ela colocou a fita métrica em volta da cintura de Laura, que sentiu cócegas.

– Sessenta e três! Deve ter um erro, calma aí. – Ela mediu de novo e virou-se para Ted com ar de espanto. – Sessenta e três de cintura e oitenta e oito de quadril. Meu Deus!

Laura ainda estava com os olhos firmemente fechados.

– Isso é bom ou ruim? – perguntou ela.

– Sinto que uma nova era está começando – anunciou Ted dramaticamente. – As curvas estão mesmo de novo na moda. E a prova está aqui na nossa frente.

Laura abriu os olhos para ver se Ted e Heidi estavam tirando uma com a cara dela.

– Mas eu já falei que ainda não visto tamanho 36. De repente, eu posso correr vinte minutos a mais por dia, sei lá.

– Continue fazendo exatamente o que você já está fazendo – aconselhou Heidi. – E espero que não tenha mais compromissos pelo resto da semana, porque já está cheia de coisas para fazer pelos próximos três dias. Vá colocar uma roupa apertada. Temos que estar em Mayfair às dez.

# Capítulo Dezenove

Os testes haviam se transformado em encontros. Ou reuniões. Ou qualquer outro nome que descrevesse encontrar alguém que já estava esperando Laura e que agia como se a mera presença dela fosse uma infinita fonte de alegria.

– Estou apaixonado pela relação cintura-quadril dela! – exclamou o editor de moda de uma revista, que havia feito Laura colocar um vestido Roland Mouret que marcava bem suas curvas. – Estou cansado dessas meninas que parecem uns cabos de vassoura.

– Ela parece a Angelina Jolie, só que mais nova e mais moderna – anunciou o chefe dos *bookers* do escritório da Fierce em Nova York. – Precisamos da versão digital do book dela para mandar para os clientes.

– *Seo* sotaque é belíssimo! – disse um estilista italiano que apertou Laura contra o seu peito enquanto ela tentava visivelmente não estremecer. – Diga mais alguma coisa, *cara mia.* Qualquer coisa!

Mas todos esses encontros, ou reuniões, ou sei lá como se chamavam, ainda assim não eram trabalhos. Foi isso que Laura disse para Ted, enquanto eles pegavam outro táxi. Ela havia passado a semana inteira na companhia dele ou de Heidi, e embora Heidi houvesse melhorado tanto que estava quase irreconhecível, Ted ainda era o preferido de Laura, principalmente por causa das fofocas maravilhosas que ele contava sobre as outras modelos e sobre as celebridades que trabalhavam para a Fierce, enquanto Laura exclamava e batia palminhas de felicidade.

– Não! Jura? Mas com um Lulu da Pomerânia?! Você está de sacanagem!

Era uma manhã de sexta-feira e eles estavam indo para o Hotel One Aldwych tomar um café com... Laura não lembrava mais com quem, só sabia que era uma pessoa muito importante e que era por isso que ela colocara uma de suas melhores roupas.

– Não me leve a mal, Ted. Esta semana foi maravilhosa, e você e a Heidi têm sido incríveis, mas eu sei como é. Na segunda-feira eu posso já estar de volta ao esquema de trocar de roupa num banheiro público para posar para um fotógrafo em início de carreira que não sabe nem mexer num fotômetro. – Laura recostou-se no banco e observou o reflexo dos letreiros de néon do Soho nas poças da rua. – Não quero ficar toda animada só porque fui chamada para algumas reuniões.

Ela parecia tão *madura*. O que será que tinha acontecido? Ted deu um sorriso misterioso. Era difícil decifrar as expressões faciais dele; Laura achava que ele devia ser ótimo no pôquer.

– Se você pudesse sair em qualquer revista do país, qualquer uma mesmo, qual escolheria? – perguntou Ted, inclinando-se para a frente e mandando o motorista não pegar o Cambridge Circus.

Laura não precisou nem parar para pensar.

– Num mundo ideal seria a *Vogue*, né? E, num mundo não ideal e mais realista, seria a *Polka Dot*.

– Você pode virar à esquerda aqui? E pegar a Seven Dials? – Ted cruzou os braços e olhou para ela com ar de satisfação. – Nunca achei que eu ia ficar bem no papel de fada madrinha, mas seus dois desejos serão realizados.

Laura não entendeu nada.

– Como assim?

– Eu só ia contar para você depois desse encontro para onde estamos indo, mas não aguento mais o suspense. Você vai fazer um editorial de dez páginas para a *Polka Dot* na semana que vem e foi especificamente requisitada para posar para uma matéria da *Vogue* sobre novos estilistas. Eles queriam uma modelo nova e você foi a escolha unânime.

– Isso é como aquela história que você me contou sobre a modelo venezuelana e o time de futebol? Porque eu saquei que você estava inventando tudo. Bom, não logo de cara, mas depois de algum tempo eu percebi.

Ted alisou a lapela de seu terno Yohji Yamamoto.

– Juro por Deus que é verdade. Mas se isso for impedi-la de ser simpaticíssima nesse encontro de agora, eu esgano você com a minha gravata. Entendeu?

Laura nunca soube como, mas conseguiu ser simpaticíssima pelos poucos minutos que durou o encontro, durante o qual ela tomou um milk shake de chá verde e leite de soja e falou sobre as chances do Manchester United no campeonato com dois italianos excitados. Zilli e Costello eram os fundadores de uma marca de alta costura, a Casa de Augustine, e fãs de carteirinha do Milan. Ainda bem que Laura havia sido obrigada a ver Tom assistindo a inúmeros replays das partidas, pois agora podia conversar sem problemas sobre os jogadores que estavam sendo vendidos e sobre qual time ela achava que ia ganhar a Eurocopa de 2012.

Mas Laura ainda não sabia o motivo daquele encontro, e não sabia por que Zilli estava conversando aos sussurros com Ted e olhando para ela como se jamais houvesse visto alguém com uma boca, um nariz e dois olhos antes.

Depois do encontro, Laura nem teve tempo de interrogar Ted ou de ter um ataque porque ia posar para a *Polka Dot* e a

*Vogue*. A *Vogue*! Ted ia almoçar no The Ivy com o namorado e ela precisava pegar o trem.

Depois de sua calcinha ter aparecido no jornal, a única maneira de acalmar sua mãe era ir vê-la pessoalmente, munida do maior frasco do perfume preferido dela que Laura conseguiu encontrar.

Laura pegou um ônibus para casa na estação de trem e decidiu que Manchester estava com um aspecto estranho. Parecia pequena, suja e úmida. Era um mundo diferente, composto por lojas minúsculas, ônibus que não eram vermelhos, como os de Londres, e crianças voltando para casa a pé. Laura nem conseguia lembrar da última vez em que vira alguém de uniforme escolar.

Após sair do ônibus e começar a arrastar a mala até sua casa, Laura teve a impressão de que tudo ali havia sido preservado em formol enquanto ela andava pelas ruas de Londres, sempre cinco minutos atrasada para a aula de ioga, a sessão-teste ou o café que ia tomar com um de seus novos amigos. Passou pela caixa de correio no gramado, pelo lugar onde tinha caído da bicicleta e machucado o joelho e pela sra. Veeraswamy, que morava duas casas depois de seus pais e estava atravessando a rua com seu carrinho de feira. O *déjà vu* ia muito bem, obrigado, e morava na vizinhança de Didsbury em Manchester.

Laura não estava com as chaves, pois as perdera no meio da pilha de roupas que era seu quarto de Camden, e por isso tocou a campainha e viu seu pai se aproximando pelo vidro fosco da porta.

Ele só deixou Laura entrar depois de fingir que estava tendo um ataque cardíaco.

– Nós conhecemos a senhorita de algum lugar? – perguntou ele com espanto fingido, colocando a mão no peito enquanto a mãe de Laura vinha correndo da cozinha. – A senhorita não costumava ser nossa filha?

– Pelo amor de Deus, Frank, deixe a menina entrar. Quero dar umas palmadas nela.

Mas, em vez das palmadas, a mãe de Laura lhe deu um abraço muito longo e apertado e um tapinha de nada na bunda.

– Não ouse perder mais peso, ou não vou poder ter mais a satisfação de bater nessa bunda famosa – disse a mãe de Laura.

Ela fingiu estar indignada com o comentário e mostrou um dos muques.

– Estou fazendo ioga todos os dias. Você devia ver minha Saudação ao Sol, é bem melhor que a sua. Não faça essa cara, estou só brincando. Vou levar minha mala para a cozinha, ela está cheia de roupa suja.

– Seu pai leva a mala e eu ponho a roupa na máquina. Depois a gente pode tomar um chá e... ai, Laura, estamos com tanta saudade! Vá se sentar no sofá, meu amor.

Infelizmente, Laura só foi tratada com toda essa deferência por cinco minutos. Logo, já estava levando uma bronca por ter colocado a xícara na mesa sem botar um descanso embaixo.

E ela não ia conseguir relaxar de qualquer maneira, pois sabia que A Conversa estava a caminho. O impressionante foi sua mãe ter conseguido se controlar até depois do jantar, quando elas estavam colocando os pratos na lavadora de louça.

– Você está diferente – observou ela com certa hesitação, limpando uma travessa sob a torneira. – Não só na aparência. Também está diferente na maneira de se comportar.

– Mas é um diferente bom, mãe – garantiu Laura. – Sinto que amadureci muito nas últimas semanas. E eu precisava, mesmo.

– Você já era madura o suficiente – insistiu a mãe de Laura, como se alguém estivesse criticando a maneira como ela criara a filha. – Você só tem dezessete anos, Laura. Ninguém espera que seja um adulto formado com essa idade.

Laura soltou um suspiro fundo.

– Eu era uma chata, mãe. Estava tão acostumada a conseguir tudo que queria que não conseguia lidar com nenhum fracasso. E agora eu consigo. Mais ou menos.

A mãe de Laura se empertigou.

– Está dizendo que nós mimamos você?

– Não. Mas eu tenho dois pais maravilhosos, sou uma filha temporã e de vez em quando tirava vantagens horríveis dessa situação. Você sabe muito bem disso. – Laura viu a mãe relaxar e concordar. – Além do mais, eu era muito acomodada por ser bonitinha. Precisava cair das nuvens.

– Então você está me dizendo que é isso mesmo que quer fazer? Não vai voltar para casa, nem para a escola?

A mãe estava olhando fixamente para a gaveta de facas com uma expressão concentrada. Havia sido a mesma cara que ela fizera quando assistiu a um documentário sobre bebês doentes. Cara de quem estava tentando não chorar.

– Mãe! – Laura obrigou a mãe a se virar e lhe dar um grande abraço. – Isso é o que eu quero fazer da vida. Não gosto de comer aveia e nem de ficar naqueles estúdios gelados, mas quando estou tirando fotos ou desfilando, me sinto viva. Sabe, me sinto *inteira*. Você consegue entender isso?

– Bom, eu não... quero dizer... – A mãe passou os dedos pelas extensões, que nunca iam ser a mesma coisa do que ter cabelo de verdade, não importava o quão reais fossem. – Bom, eu sinto a mesma coisa quando estou cuidando do jardim. Só não imaginei que ia fazer você fugir de casa antes de completar dezoito anos.

– Pois é. Eu só me tornei modelo para poder ficar longe de você, do papai, e desse regime totalitário de vocês. – Laura riu. – Deixe de ser boba. Então, dá para aceitar isso?

– E se não desse, faria diferença? – perguntou a mãe baixinho.

E Laura sabia que não havia nada que ela pudesse dizer para tornar a resposta mais fácil de ouvir.

Cath já havia lhe contado pelo telefone. E, mesmo que ela não houvesse dito nada, Laura teria descoberto no dia em que entrara "por acaso" na página de Tom no MySpace. Lá estava: uma foto dele beijando Cassie com o comentário mais odioso e repulsivo do planeta: "Feliz dois meses, namorado mais lindo! Te amo, bjs, bjs, bjs".

– Eu sabia que não tinha sido só um beijinho enquanto ele estava bêbado – confessou Laura para Cath e Jen.

Era sábado à noite e elas estavam na boate Loaf, tomando drinques e procurando disfarçadamente por jogadores do Manchester United. Heidi colocara Laura na lista VIP, porque havia se transformado na *booker* mais fofa e legal que já existira.

– Ele nem teve a decência de fingir que estava chateado. Deve ter começado a sair com aquela idiota assim que voltou para Manchester.

Jen fez uma careta.

– Foi meio súbito, mesmo. E você sabia que a Chandra está ficando com o James? Ela nem fala mais com a gente.

– Que droga. – Laura abraçou suas duas amigas. – Parece que as coisas têm sido difíceis. Como vocês estão aguentando? Aposto que se encontram toda noite para fingir que vão estudar e ficar falando mal dessa gentalha.

– Viu, eu falei que a Laura tinha mudado muito – disse Cath para Jen com um sorrisinho. – Agora ela me faz um monte de perguntas sobre a minha vida, e até faz cara de interessada quando eu respondo.

– Mas eu *estou* interessada! – exclamou Laura, mordendo totalmente a isca.

Jen e Cath caíram na gargalhada. Mas não era *tão* engraçado.

– Pois é, agora eu amadureci. Nem adianta reclamar – garantiu Laura.

– Nós gostávamos de você antigamente também, só que você era um pouco autocentrada – explicou Jen calmamente. – Mas é estranho, porque agora você está muito mais bonita, só que ficou muito menos metida. Mas vamos esquecer esse assunto, nós somos o máximo. E está na sua vez de pagar os drinques, *top model*. Eu quero a mesma coisa.

Laura se levantou reclamando, só para mostrar que não tinha mudado tanto assim, e atravessou uma multidão de meninas artificialmente bronzeadas, cada uma segurando uma bolsa Prada. E, de repente, deu de cara com Tom e Cassie.

Por um segundo, ela não teve certeza se eram mesmo eles dois. Até porque, sempre que os imaginava juntos, os dois estavam cheios de espinhas na cara. Então, ao vê-los na vida real, mais do que agarrados, Laura teve um sobressalto como o de alguém que vê uma celebridade. Até parece.

Ninguém disse nada, embora Laura estivesse com vontade de gritar: "Eu vou sair na *Vogue*, seu merdinha!"

E Cassie não podia falar, pois estava ocupada demais dando um sorrisinho vitorioso, que Laura teve vontade de arrancar da cara dela com os punhos. Pelo menos, Laura estava usando um vestido Marni, que pegara "emprestado" de Hadley. Hadley não estava em casa no momento, mas Laura tinha certeza de que ela não ia se importar. As sobrancelhas de Cassie se ergueram só meio milímetro, mas Laura sabia que ela reconhecia que tanto Laura quanto o vestido que ela estava usando pertenciam a outra esfera. Talvez tenha sido por isso que Cassie deu um beijo na bochecha de Tom. Já que ela queria marcar seu território, podia ter feito xixi na perna dele logo.

– Laura! – exclamou Tom, olhando para seus pés de traidor, em vez de para ela. – Tudo bem?

– Tudo maravilhoso. Como está o *colégio*?

Laura colocou todo o desprezo que pôde na última palavra. Tom podia ter dado um chute na bunda dela, mas ele ainda precisava levantar a mão e pedir permissão para um professor toda vez que queria ir ao banheiro.

– Andou dormindo com algum menino que não conhece ultimamente? – perguntou Cassie docemente. – Ou deu para saber o nome deles antes?

Cara, será que não havia nenhuma lei que proibia um menino de contar o segredo mais vergonhoso de sua ex para a piranha da sua atual namorada? Se não havia, deviam inventar uma. Laura tentou desesperadamente encontrar uma resposta à altura, mas não precisou, pois alguém bateu em seu ombro.

Graças a Deus. Ela se virou para lançar um olhar agradecido para Jen ou Cath, mas se viu cara a cara com um menino que não conhecia, e que tinha lindos olhos negros.

– Desculpe interromper – disse ele com um sorriso que mostrava que não estava se sentindo nem um pouco culpado. – Isso é muito constrangedor, mas eu apostei com meus amigos que você é modelo. Você ganhou aquele programa, não foi?

Claro que era uma cantadinha barata, mas Laura se agarrou àquela oportunidade como se ela fosse um colete salva-vidas e ela estivesse se afogando no mar bravio. Sem metáfora.

– Você não está interrompendo nada – declarou ela bem alto, dando um gelo do tamanho de um iceberg em Tom e Cassie. – É, eu ganhei aquele programa, e acabei de saber que vou sair na *Vogue*, então acho que posso oficialmente me considerar uma modelo.

– Então precisa me deixar pagar um drinque para você, para a gente comemorar.

Ele não era o tipo dela. Laura não tinha mais um tipo, pois não queria mais saber de meninos. Eles não valiam a pena. Nem meninos lindos, de olhos negros e pele morena que vestiam ternos Dior Homme. Mas aquilo é que era uma saída triunfal.

– Legal. – Ela abriu um enorme sorriso. – Estou aqui com as minhas amigas. Por que você não compra uma garrafa de champanhe e vem com seus amigos para a nossa mesa?

Ela estava com tudo. O menino assentiu, atônito. Laura teve a impressão de que, se pedisse para ele tirar o paletó e colocar no chão para que ela não sujasse os sapatinhos, ele teria concordado alegremente.

O menino pegou o braço de Laura, como se ela fosse uma princesa preciosa que não pudesse andar sem um acompanhante. Ela acenou para Tom e Cassie e saiu deslizando dali.

– Valeu, gente – despediu-se Laura por cima do ombro. – Vejo vocês por aí.

# Capítulo vinte

A sessão da *Polka Dot* que Laura fez dois dias depois confirmou para ela que ser modelo era mesmo a coisa mais maravilhosa que existia. E não foi só porque ela estava com uma tiara (que ficou bem visível, pois Laura cortara os cabelos de novo) ou porque tirou fotos com um grupo de lindos modelos do sexo masculino.

O tema da sessão era uma simples festa, mas nada do que a *Polka Dot* fazia era simples.

– Quero um *look* retrô, tipo baile dos anos 1950 – explicou Janka, que era a diretora de beleza da revista e uma das pessoas mais glamourosas que Laura já vira. – Vamos começar com você se arrumando, fazendo cachos no cabelo, colocando gel, blá-blá-blá... aí você está na festa dançando, linda e maravilhosa, quando... um desastre acontece! Seu namorado chega com outra menina, você começa a chorar, seu rímel começa a borrar e você fica horrível. Vai ficar incrível!

*Vai ficar incrivelmente realista*, pensou Laura, tentando ignorar as lágrimas que já estavam querendo sair antes da hora. Ela não ia ter de se esforçar muito para se imaginar naquela situação. Mas ela sorriu e fez cara de quem estava animadíssima com a sessão.

Acabou que todas aquelas poses que Laura tinha feito na frente do espelho valeram a pena. Ela não precisava mais esperar que o fotógrafo lhe desse uma direção, e nem ficava presa numa só pose como antigamente. Posar se tornou tão natural quanto respirar, e ela incorporou totalmente a menina que estava dançando num baile dos anos 1950.

Mas depois de sete horas, vinte e cinco rolos de filme, algumas fotos que eles pensaram em colocar na capa da revista e seis CDs só com mulheres cantando, Laura começava a se cansar. Seus pés a estavam matando, os alfinetes que seguravam a tiara em sua cabeça perfuravam-lhe o seu crânio e ela só não tinha desistido ainda porque todo mundo soltava gritinhos entusiasmados a cada foto que tirava.

– É a última, eu juro – disse Janka, enquanto Laura colocava a roupa. – Deixe que eu... Não mexa a cabeça. Pronto!

Ela se afastou e admirou a tiara de strass que acabara de colocar na cabeça de Laura, cujo cabelo havia sido armado mais uma vez.

– Vou só pegar o colírio para as lágrimas.

Janka desapareceu e Laura se deu conta de que não havia pensado em Tom desde que pisara no set, tão concentrada estava no trabalho. Que coisa assustadora!

– Então vocês querem que eu chore? – perguntou ela para o fotógrafo e para Kat, que havia aparecido ali havia meia hora.

– A gente não quer só que você chore – explicou Kat. – Queremos que você uive de dor. Tem de ser uma coisa tão *emo* que chegue a doer. Todas as leitoras da *Polka Dot* vão entender o que você está passando. Ah, e faz alguma coisa com a tiara, para parecer que você está arrancando os cabelos. Pode bagunçar mesmo.

Laura enfiou as mãos no cabelo e tentou encontrar a tristeza mais profunda, mais horrível, mais *emo* que houvesse em seu coração. Mas lógico que não conseguiu. Ela nunca aparecia quando Laura precisava.

Janka surgiu trazendo o colírio, que era daqueles que ardiam, para que os olhos da modelo que fingia chorar ficassem vermelhos e cheios de lágrimas. Laura já usara um parecido para uma sessão do *Quero ser modelo* e não estava interessada em repetir a experiência. Ela estremeceu quando Janka pingou-o em seus olhos e logo a ardência começou. Ai, que horror! Laura nunca tinha esfregado pimenta nos olhos, mas achava que a sensação devia ser parecida.

– Você precisa estar com os olhos abertos nas fotos – disse o fotógrafo enquanto Janka lambuzava as bochechas de Laura com a máscara e o delineador.

– Só um minuto – pediu Laura, apertando bem os olhos.

Ela se virou para o fotógrafo e manteve os olhos o mais abertos que pôde durante três segundos. Ele tirou três fotos e Laura teve de fechar os olhos de novo.

– Ai, calma aí.

Foi um processo doloroso. Apertar os olhos, esfregar os olhos, abrir os olhos. Apertar os olhos, esfregar os olhos, abrir os olhos. Laura só conseguia pensar no momento mágico em que alguém diria "Acabou, pessoal", e ela poderia arrancar seus olhos fora e mergulhá-los na água fria.

– Você pode ser mais expressiva, meu bem? Estou vendo dor, mas não aquela dor *sentimental*, sabe? – perguntou o fotógrafo enquanto Laura piscava os olhos várias vezes. – Sei que seu olho está ardendo, mas preciso que você me mostre algo especial.

– Ai, aqui tem uma música incrível sobre uma festa de quinze anos – lembrou Kat, animada, sem jamais se deixar abater. – Ouve só! Vai deixar você no humor totalmente certo.

Laura passara o dia inteiro escutando cantoras *pop* dos anos 1960 reclamando que estavam apaixonadas por salva-vidas ou por meninos tímidos nas músicas mais bregas que ela já ouvira na vida. Uma música sobre uma festa de quinze anos só ia deixá-la com dor de cabeça. Ela endireitou a tiara, que estava ameaçando escorregar de sua cabeça, enquanto Kat tentava achar o CD. A música começava com uma versão de "Parabéns para você". Laura deu um suspiro.

Ela ainda estava naquela de apertar, esfregar e abrir os olhos quando a cantora começou a explicar que todos os seus amigos tinham ido na sua festa de aniversário, mas a única pessoa que ela queria que viesse não havia aparecido.

"Meu coração sempre soube que você não viria..."

Laura conseguia mesmo se identificar com aquela música. Ela parou de piscar os olhos e tentou se concentrar na letra da música do The Ronettes.

"Abro presentes e tento sorrir, mas meu coração está se partindo/Nós brigamos na noite passada e você não é mais meu/O que tenho para comemorar?/O que tenho para comemorar?/Não quero saber, não quero festejar, se não tenho você para compartilhar."

Laura já tinha se esquecido do colírio ardido ou do fotógrafo que não parava de clicar. Havia nela tanta tristeza que um oceano começou a escorrer de seus olhos e seus lábios tremiam. Ela não estava só se identificando com a música – estava realmente vivendo aquele momento.

– Ótimo! Não deixe seu lábio inferior tremer e nem abra tanto o nariz. Quero movimento, faça alguma coisa!

Laura nem precisou pensar no que fazer. Ela foi diretamente até a pilha de presentes embrulhados que estava ali do lado e começou a rasgar os embrulhos e a atirar pedaços de papel colorido no ar. Não de um jeito estético e fotogênico, mas de um jeito selvagem. Seria ótimo se esse papel de presente fossem as tripas de Tom – assim ela poderia pisar nelas com seus sapatos cintilantes de salto altíssimo. Para finalizar, Laura chutou os últimos presentes por todo o estúdio e cruzou os braços enquanto eles caíam no chão como bombas.

– Laura! Aqui!

Ela se virou e olhou furiosamente para a lente antes de lembrar que não devia fazer uma cara tão feia assim. Mas Kat bateu palmas e soltou um gemido perturbador de tão orgásmico.

– Ai, meu Deus, é isso! Essa é a foto do dia!

Talvez quando o pessoal de uma revista dizia que uma foto era "a foto do dia", isso significasse que ela era o oposto do que eles queriam. Mas, depois de clicá-la, o fotógrafo largou sua máquina caríssima por ali para andar até Laura e lhe dar um beijo na testa.

– Acabou, pessoal! – gritou ele, levando Laura até o grupo que assistira à sessão. – Aplausos para essa menina linda, pois ela merece.

A sessão para a *Vogue* foi menos animada, e as roupas que Laura usou eram bem mais caras. Quando se posava para uma revista como aquela, era preciso posar largado, com os ombros para baixo e os membros atirados em ângulos deselegantes, olhando para a lente com cara de mau humor. E como cansava. Laura já havia lido um monte de entrevistas de modelos em que elas reclamavam que tinham de trabalhar duro, mas nunca acreditara que era verdade. Mas depois de ficar com os braços acima da cabeça numa posição extremamente desconfortável por meia hora, ela só queria tomar um longo banho e ir dormir cedo.

Embora Laura houvesse gostado mais das fotos que tirara para a *Polka Dot*, foram as da *Vogue* que fizeram o mundo fashion tirar seus óculos escuros Chloe e começar a prestar atenção nela.

Começou devagar. Ela fez sua primeira viagem internacional – foi até Ibiza fazer uma campanha para uma marca de hidratantes.

Fez uma sessão para a *Elle*. Arrumou um trabalho sem ir num teste antes. E então sua vida virou um furacão de acontecimentos. Laura de repente deixou de ser uma *new face* e se tornou uma profissional de verdade. Nem precisava mais de um sobrenome para ser reconhecida.

Seu apartamento se tornou uma vaga memória. Ela só passava lá de vez em quando e permanecia por um período suficiente para colocar as roupas na máquina de lavar, sem nem ter tempo para tirá-las antes que alguém buzinasse lá embaixo, pronto para levá-la a outro lugar. Laura acabou criando o hábito de comprar roupas novas quando chegava em seu destino. Ela já tinha cerca de onze calças skinnies da Gap.

Não havia tempo para pensar em nada, só para procurar o passaporte. Ela ia do aeroporto para o quarto de hotel, para o estúdio, para o ateliê do estilista, para o restaurante metido a besta, e de volta para o aeroporto. Laura já havia aprendido a seguir direções do fotógrafo em francês, espanhol, alemão, italiano e português. E, no dia em que ela descolou um editorial de moda para a *Vogue* italiana, depois de Ted ter recusado um monte de outros trabalhos porque eles não eram bons o suficiente, a Fierce lhe mandou um BlackBerry. Aquela era a prova de que Laura já era uma modelo requisitada. Outra foi a matéria de capa da *Times* sobre ela, que dizia: "Adeus às magrelas. É a hora das curvas. Laura, uma menina de dezessete anos de Manchester, está sendo responsável por trazer a voluptuosidade de volta ao mundo da moda".

Essa declaração era seguida por oito páginas de fotos de Laura usando só vestidos da alta-costura e diversos penteados complicados. As fotos eram em homenagem às estrelas de filmes antigos.

A mãe de Laura comprou todas as cópias do jornal que encontrou e as enviou para todos os parentes. Cath e Jen vieram passar o fim de semana no apartamento de Laura em Londres e só pararam de chamá-la de "voluptuosa" para implorar que Candy arrumasse ingressos para o show do Franz Ferdinand.

E Laura também tinha uma multidão de novos amigos, embora não soubesse o sobrenome de nenhum deles, nem o endereço. Eles se comunicavam por meio do BlackBerry e suas páginas no MySpace, para que pudessem coordenar seus horários e se encontrar para tomar café em Bangcoc ou drinques em Dubai. As novas amigas de Laura, que eram Paula, do Brasil; Danielle, dos Estados Unidos; e Darla, de Madri, estavam todas com saudades de casa, como ela, e também gostavam de discutir os mesmos assuntos: como conseguir um *upgrade* para a primeira classe, como saber quais fotógrafos eram gays e quais iam tentar levar você para o hotel deles depois de uma sessão ("só para olhar as fotos"), e quais eram as diferenças entre o McDonald's de Tóquio e o de Moscou.

Laura só conseguiu algum tempo livre na primavera, depois de uma temporada outono/inverno triunfal em Paris, Milão, Nova York e Londres, pois todas as principais marcas estavam lançando roupas ideais para quem tinha curvas. Candy nunca errava.

Ela queria passar três dias sem fazer nada além de lavar roupa e fazer um rombo em sua conta bancária, pois havia muito dinheiro nela nos últimos meses. Candy estava em Los Angeles fazendo um comercial, o que era um saco, mas elas tinham se encontrado em Milão. Irina ficava menos em casa do que Laura. Restava Hadley, que abraçou Laura cheia de gratidão ao encontrá-la deitada no sofá vendo uma maratona de *Laguna Beach* na MTV.

– Eu ando tão sozinha! – exclamou ela. – Você não tem ideia! O George está zangado comigo. E eles querem que eu faça um comercial de papel higiênico na Austrália, que horror! Vamos sair e encher a cara.

– Hadley, eu estou exausta – reclamou Laura.

Mas Hadley arrancou-a do sofá pelos pés.

Sair com Hadley era como ver um filme sobre os benefícios da sobriedade. Laura achou melhor ficar bebendo água com gás, para assim poder segurar a bolsa de Hadley, impedir brigas quando ela começasse a dançar sensualmente com os namorados de outras meninas e pedir que ela descesse de cima das mesas antes que caísse e quebrasse o nariz.

E, para o *gran finale*, Laura teve de segurar o cabelo de Hadley e massagear suas costas enquanto ela vomitava numa lata de lixo da Oxford Street.

– Você precisa aprender a se controlar – aconselhou Laura, depois de finalmente ter convencido um táxi a parar. – Por que bebe desse jeito?

Hadley fez sua carinha de inocente que não combinava muito bem com o cheiro de vodca que ela estava exalando.

– Já tenho idade para beber na Inglaterra. E você não manda em mim – declarou ela de forma desafiadora. – Posso fazer o que eu quiser.

– Inclusive um transplante de fígado – murmurou Laura.

Mas Hadley já estava dormindo, ou fingindo que estava. Laura teve de arrastá-la por dois lances de escada e, ao entrar no apartamento, deu de cara com Irina, com as mãos nos quadris e olhando para ela com uma fúria assassina.

– Estão querrendo você para a campanha do Augustine, *ja?* – Irina exigiu saber, sem nem cumprimentar Laura.

– Campanha do quê? Você pode me ajudar a carregar a Hadley? Ela é pesada pra caramba.

– Não sou *nada* – protestou Hadley num sussurro.

Ela então soltou um gemido e correu na direção do banheiro.

– Vou ser a garota do Siren – informou Irina, enfática.

Laura ficou impressionada com a expressão do rosto dela. Irina estava tremendo tanto de raiva que parecia prestes a sair flutuando pela janela.

– Eu e Zilli, a gente é assim, ó.

Irina enlaçou o dedo médio e o indicador e colocou-os tão perto do rosto de Laura que ela deu um passo atrás rapidamente. Ela achava que Irina seria totalmente capaz de puxar seu tapete. Laura já ouvira outras meninas falando sobre passaportes que haviam desaparecido misteriosamente e coceiras que haviam surgido graças a potes de maquiagem adulterada. Esses "acidentes" sempre aconteciam com modelos que estavam trabalhando com Irina. Talvez ela precisasse passar a dormir com a faca de pão embaixo do travesseiro, ou perguntar a Heidi se a agência poderia lhe arrumar um segurança.

– Bom, se você e o Zilli são assim, ó, então não tem nada com que se preocupar – disse Laura. – Eu não tenho ideia do que você está falando e nem quero saber, na verdade. Você está sendo cogitada para uma campanha grande, certo?

– Como se você não soubesse – retrucou Irina com desprezo. – Estava entre mim e uma menina que caiu da "passarrela" no desfile da Versace. Não vai desfilar nas prróximas semanas.

Laura sabia do que Irina falava, pois tinha sido a fofoca do ano em Milão. Todo mundo adorava Karis, uma modelo texana que estava sempre animada. "Adoro viver", dizia ela, quando lhe perguntavam por que era tão alegre o tempo todo. Mas Karis não tinha ficado tão alegre quando fora carregada para fora do desfile numa maca, enquanto os *paparazzi* tiravam milhares de fotos. Até tinham dito que Karis caíra porque o salto de seu sapato quebrara, o que havia sido uma pena, pois era Karis quem ia usar o vestido de noiva no final do desfile... Que bom que Irina tinha podido desfilar no lugar dela.

– Beleza, então. Continuei sem entender do que você está falando, mas boa sorte, já que parece que você quer tanto essa campanha.

Laura achou que seu discurso seria digno até de Madre Teresa de Calcutá. Mas Irina não queria saber de bandeira branca.

– Você não é bonita – disse ela. – Se seus peitos enormes e sua bunda gigante não estivessem na moda, ia ser demitida. Todo mundo sabe.

Como sempre acontecia quando Irina estava irritada, o sotaque russo dela praticamente desapareceu. Ela ergueu o queixo e se virou, para que Laura fosse obrigada a olhar para seu perfil incrível e suas feições dramáticas, que ficavam ainda mais exóticas graças às maçãs do rosto mais proeminentes do mundo.

– Isso nunca vai sair de moda. Você vai perder, gorducha.

E com esse comentário adorável ela saiu da sala sem perder a classe, apesar de ter batido no ombro de Laura com tanta força que ela foi atirada contra o umbral da porta.

# Capítulo vinte e um

Irina ainda estava de cara feia na manhã seguinte, e não parava de murmurar insultos em russo. Laura resolveu evitá-la, e achou melhor cheirar o leite que ia colocar no chá para ver se ele havia sido contaminado com alguma coisa. Ela entendia que era bom ser competitiva, mas Irina estava levando aquilo longe demais.

E então o telefone tocou. Era Ted, mandando Laura passar na Fierce, mesmo sendo seu dia de folga. Isso já era normal na vida de Laura, embora ela ainda conseguisse se lembrar da época em que uma intimação para comparecer à agência só podia significar más notícias.

Ted nem olhou para Laura quando ela bateu na porta aberta de seu escritório – apenas indicou com um gesto que ela deveria entrar, enquanto falava ao telefone em italiano. Laura mal tivera tempo de se ajeitar em uma das cadeiras estilosas quando ele desligou e foi direto ao assunto.

– A Sparkle quer renovar seu contrato e incluir TV, além da campanha impressa, mas querem prender você num contrato de exclusividade de três anos, o que é simplesmente inaceitável. – Ele franziu a testa.

Laura achou que parecia mais do que aceitável.

– Mas isso é bom, certo? – perguntou ela.

– Ah, querida, eu me esqueço do quanto você é verdinha. – Ted riu, balançando o dedo para ela. – É bom, mas a gente consegue coisa muito melhor. E eu tenho uma notícia incrível! Que bom que você está sentada.

Ele fez uma pausa dramática.

– A Casa de Augustine quer que você seja o novo rosto deles.

Então era por isso que Irina havia ameaçado quebrar os joelhos de Laura na primeira oportunidade disponível. Laura não conseguiu deixar de sorrir, o que Ted achou ser um sinal de que ela estava deliciada com a novidade.

– A Sparkle não precisa se incomodar se você fizer os dois. É uma marca mais *street*, enquanto a Casa de Augustine é mais moda luxo.

– Dá para traduzir?

– Se a Kate Moss pôde trabalhar para a Rimmel e a Chanel ao mesmo tempo, você também pode aparecer em anúncios que vão sair nas revistas para adolescentes e em outros que vão sair nas revistas de moda adulta. A Augustine vai lançar seu primeiro perfume, o Siren, e você é perfeita para a campanha deles. Laura, nós estamos falando de uma quantia *obscena* de dinheiro.

Era vulgar falar sobre dinheiro; até Laura, sabia disso. Mas ela precisou perguntar, com os olhinhos brilhando de cobiça:

– Como assim obscena? Nível Madonna ou nível *Kama Sutra*?

– Definitivamente *Kama Sutra*, querida – respondeu Ted alegremente. – Você vai poder se aposentar com vinte e um anos e ainda assim ter dinheiro para comprar um iate.

– Bom, a Heidi estava dizendo que eu devia pensar em comprar algumas propriedades – disse Laura, excitada. – E eu podia comprar um par de sapatos novos todos os dias, e um carro novo para o papai... e minha mãe sempre quis fazer um cruzeiro, e....

– Não vamos contar com o ovo no fiofó da galinha, querida. – Ted juntou as pontas dos dedos, achando que ia dizer a Laura algo que ela ainda não sabia. – Eles também estão pensando em outra menina.

– A Irina? É, eu sei. Ela mencionou isso ontem.

Irina era monstruosa, mas Laura sabia que a primeira regra das modelos era nunca falar mal de uma colega. Mesmo que ela fosse uma bruxa má que totalmente merecia isso.

– Claro que vocês duas são da Fierce, as duas trabalham comigo, e por isso eu não posso demonstrar nenhum favoritismo oficialmente.

– Entendi... – disse Laura.

Mas ela não tinha entendido nada. Estava trabalhando duro e havia se tornado uma pessoa muito mais simpática. Tudo isso devia valer alguma coisa.

Ted sorriu.

– Não entendeu, não, queridinha. Faz uma coisa, vai encontrar a Heidi e pede para ela comprar um cappuccino para você.

Heidi não era mais a *booker* de Laura mas, numa reviravolta maior do que a do último episódio daquela temporada de *Veronica Mars*, elas duas haviam passado a se dar muito melhor. Já eram quase amigas, o que realmente era espantoso. Heidi até enviara alguns pacotinhos de chá inglês para Laura quando ela foi ser clicada em Buenos Aires. E agora esperava para falar com ela do lado de fora do escritório de Ted, com cara de quem estava quase fazendo pipi nas calças de animação.

– O Ted contou para você aquele papo de "oficialmente"? – Heidi exigiu saber.

Laura assentiu, irritada.

– Falou, e olha só...

– Não podemos falar sobre isso *aqui* – sussurrou Heidi, olhando em volta como se alguém houvesse espalhado microfones pela Fierce. – Vamos sair. Preciso desesperadamente de cafeína.

Heidi, que estava em clima de mistério, não quis que ela e Laura fossem na lanchonete que havia ali do lado, e elas precisaram ir até outra na esquina. Heidi olhava para trás a cada dois passos. Finalmente, elas pegaram uma mesa e começaram a conversar.

– Olha, não é para você comentar isso com ninguém, mas o Ted ouviu dizer de fonte seguríssima que a campanha do Siren vai ser inspirada nos *sex symbols* da Hollywood dos anos 1940 – explicou Heidi. – Por isso, você precisa fazer uma pesquisa séria.

– Você quer que eu vá até Hollywood?

– Até parece! – Heidi fez uma cara irritada.

Mas agora que Laura não a odiava até a raiz dos cabelos, estava começando a perceber que ela ladrava bem mais do que mordia.

– Quando você mostrou suas maçãs do rosto para o mundo, o Ted e eu percebemos que você se parece muito com a Ava Gardner.

– Quem? Nunca ouvi falar!

– Lógico, ela nunca participou do *The OC*, como é que você ia conhecer? Ela é uma atriz antiga. – Heidi pegou algo de sua bolsa Miu Miu e colocou-a sobre a mesa com um estrondo. – Você precisa dar uma olhada nisso aqui.

Laura pegou o livro e olhou para a foto da capa. Era de uma mulher com a cabeça inclinada e cujos cabelos cascateavam pelas costas. Os olhos dela estavam semicerrados e havia um sorriso sedutor em seu rosto. Ela era linda, de um jeito que as pessoas só conseguiam ser nos filmes em preto e branco.

– Jura? Não me acho parecida com ela.

– Vocês duas são idênticas. – Heidi inclinou a cabeça para poder avaliar Laura e sua sósia. – São os olhos, e um jeito que você faz quando não está sorrindo, mas está pensando em dar um sorriso. Cara, vocês são parecidas mesmo. Vamos para minha casa, aí a gente pode ver uns DVDs dela também.

– A gente vai para sua casa? – perguntou Laura, percebendo que estava agindo como uma retardada e começando a se irritar. – Então você não vai trabalhar de tarde?

Heidi fez um ar constrangido.

– Eu e o Ted achamos que é melhor você não ficar no apartamento por algum tempo. – Ela abaixou a voz. – Caso a Irina tenha ideias maquiavélicas.

– Tipo me atacar com uma machadinha, ou uma espingarda, ou algum objeto capaz de tirar a minha vida? – sugeriu Laura com uma careta. – Por que vocês estão fazendo isso? A Fierce também vai ganhar uma comissão, se a Irina for a escolhida. E eu sou só a reserva. Tipo, nem seria cogitada para o trabalho se a Karis não tivesse se machucado.

– Mas você tem uma pequena janela de oportunidade, e a agência não acha que a Irina esteja pronta para um contrato grande. Não é o momento certo.

– Por quê? Porque a janela dela não é pequena, vai do teto ao chão? – Laura fez um gesto de impaciência. – Não é justo!

– Não tem nada a ver com o tamanho da janela de ninguém. O problema é que a Irina está descontrolada nesse momento. A gente não acha legal ela virar o rosto do Siren. Ela precisa ficar um pouco mais humilde. E se você contar para qualquer pessoa, incluindo o Ted, que eu falei isso, juro que mato você.

– Mas ela pode ganhar o contrato – observou Laura, se arrependendo de ter tomado café da manhã, pois toda a comida agora parecia ter virado chumbo em seu intestino delgado. – Eles podem não me escolher. Podem me odiar. De repente, eu vou ficar horrível com as roupas. Ou ficar com um monte de espinhas da noite para o dia. Isso é pressão demais para mim!

– Não seja tão viadinha! – Irritada, Heidi cutucou as costelas de Laura com força. – Seja tudo que a Irina não é.

– Tipo o quê? Simpática...

– E não perca o foco. Pense na Ava Gardner, pense em ser sexy sem parecer uma piranha e, se for mesmo ficar na minha casa um tempo, nem pense em pegar minhas roupas emprestadas – concluiu Heidi, fechando sua jaqueta com um gesto largo. – Você vai conseguir, Laura.

# Capítulo vinte e dois

Laura estava com a imagem de Ava Gardner impressa em seu cérebro depois de ver várias vezes *A condessa descalça, As neves do Kilimanjaro, E agora brilha o sol* e *A hora final* e, quando foi dormir na noite anterior ao teste que faria para o Siren, não conseguiu parar de pensar nas palavras "A vida, de vez em quando, se comporta como se houvesse visto muitos filmes ruins, quando tudo se encaixa bem demais – o início, o meio, o fim – desde a primeira cena até a última", ditas pela atriz em um dos filmes.

Ainda bem que ela poderia acordar às onze, já que o fotógrafo, um inglês aristocrático chamado Snowy, que vinha clicando debutantes desde os anos 1950, não gostava de trabalhar antes do almoço.

– Leva *horas* para o rosto de uma mulher ficar com uma boa aparência – dissera ele confidencialmente a Laura, numa outra ocasião em que haviam trabalhado juntos. – Se não marco nesse horário, elas aparecem com o rosto amassado, e é perturbador demais.

Snowy estava elegantemente sentado numa cadeira de diretor quando Laura chegou ao cenário: uma boate antiga do bairro de Mayfair, cuja decoração era *art déco*.

– Eu me lembro de você, sua coisinha maravilhosa! – exclamou Snowy efusivamente ao vê-la.

Laura se inclinou e deu um beijo cuidadoso na bochecha de Snowy. É, ele parecia um velhinho fofo, mas podia levar a modelo mais durona às lágrimas se ela não seguisse as instruções direito.

– *Courage, mon ange** – sussurrou Snowy no ouvido de Laura.

Então ele se empertigou e bateu com sua bengala no chão.

– Vá se maquiar, não temos muito tempo. Eles lhe falaram que vamos fazer um teste de câmera hoje além da sessão de fotos, não falaram? É ridículo tentar enfiar tudo num só dia.

Não, ninguém havia dito para Laura que ela ia ser filmada também. Pelo menos, ela já ganhara alguma experiência no assunto, graças ao *Quero ser modelo*. E tinha aprendido que as modelos não caem na gargalhada quando estão gravando um comercial. E nem falam com sotaque de Manchester.

Assim que Laura entrou no camarim, alguém lhe deu um roteiro.

– Você precisa memorizar isso aqui – grunhiu a pessoa. – Não vai ter *teleprompter*.

*Respire fundo*, pensou Laura. *Estou calma. Não vou perder a pose. Não vou vomitar meu café da manhã.* Aquele incentivo funcionou e Laura começou a ler o roteiro de vinte e seis páginas enquanto dois cabeleireiros colocavam rolinhos em suas madeixas.

Que *saco*! Será que tinha alguma lei que exigia que as modelos sempre fizessem um discursinho pretensioso nos anúncios de perfume? Mas aquilo não era problema de Laura. Ela só precisava agir como se acreditasse no que estava dizendo. E tinha certeza de que ia conseguir.

Todo mundo parecia estar tão calmo e tranquilo quanto Laura e, quando Ted apareceu ali, tudo estava em silêncio. Algumas pessoas passavam as roupas que iam ser usadas, outras bebiam café e Laura, imóvel, deixava que a maquiadora lhe passasse a última camada de batom escarlate nos lábios.

---

* Coragem, meu anjo. (N. E.)

– Você parece estar muito serena, meu bem – disse Ted baixinho, observando o rosto de Laura com atenção. – Como Ava Gardner no filme *A condessa descalça.*

Laura remexeu os dedões do pé e tentou não pensar nos sapatos de salto de dez andares que estavam enfileirados na frente das roupas.

– Estou tentando descobrir a Ava que existe dentro de mim – sussurrou ela.

– Vou deixar você em paz, então – murmurou Ted, olhando ao redor. – A Irina ainda não chegou? Ela devia ter aparecido há pelo menos uma hora!

A Mula de Moscou não estava em lugar algum. Laura torcia para que ela houvesse sofrido uma combustão espontânea e se transformado numa pilha de cinzas.

Quando Laura estava vendo as fotos que ia ter de tirar e tentando não entrar em pânico ao saber que em duas delas precisaria descer graciosamente por uma escada altíssima, Irina entrou, desgrenhada e glamourosa, com um lenço negro nos cabelos e um cigarro na boca.

– Está duas horas atrasada, senhorita Kerchenko. – Snowy bateu a bengala no chão. – Isso é inaceitável!

Laura achou que Irina fosse dar um ataque, mas ela abaixou a cabeça.

– Sinto muito – choramingou ela. – Estou muito nervosa.

E então ela se inclinou e deu um beijo na careca de Snowy.

– Diga que me perrdoa, eu fico arrrasada se me odiarr.

Laura achou que Snowy não ia cair naquela de jeito nenhum. Mas ele ficou todo vermelho e meramente bateu nos nós dos dedos de Irina com a bengala.

– Você é uma menina muito levada, mas de fato é irresistível. Vá colocar sua maquiagem, embora eu não saiba o que eles vão fazer para melhorar o que já é perfeito.

OK, Laura não estava mais calma e tranquila. Agora, ela se tornara apenas uma menina apavorada cujos joelhos batiam um no outro. Droga!

– Você ainda não está pronta? – perguntou Snowy, irritado. – Ande logo. Eu *falei* que temos muito a fazer hoje.

Irina se espalhara por três bancos e por todo o balcão do camarim. Ela olhou furiosamente para Laura quando esta passou rapidamente na direção da arara de roupas que tinha seu nome escrito num papelzinho.

– Sua estúpida! – disse Irina subitamente, arrancando um pincel das mãos da maquiadora. – Não gostei! Tirre isso!

O grito de Irina foi tão estridente que pareceu o som de unhas arranhando um quadro-negro. Laura estremeceu, esperando que uma das responsáveis pelas roupas tirasse o vestido que ia usar de um plástico. Quando ela o viu, quase desmaiou. Era incrivelmente elegante e sofisticado e Laura mal podia acreditar que lhe seria permitido usá-lo.

– É um vestido de alta-costura – observou a garota, passando cuidadosamente os dedos pela renda e o cetim negros da roupa enquanto Laura tirava o roupão. – Custou cinco mil libras, então nem *olhe* para comida enquanto estiver com ele.

A garota deu um suspiro.

– Essa renda foi feita à mão, e a bainha tem esse peso por causa de uma corrente de ouro dezoito quilates que fica por dentro. Eu seria capaz de matar alguém por um vestido desses. Na verdade, seria capaz de torturar, desmembrar e só depois matar.

Laura esqueceu de todo o resto – de seu nervosismo, das reclamações de Irina, da sessão que estava prestes a fazer – e se concentrou apenas no vestido, que foi colocado nela com grande cerimônia. Se ele não coubesse, Laura ia simplesmente se suicidar. Mas a menina cuidadosamente fechou o zíper oculto na lateral, e Laura pôde soltar um quarto do ar que havia prendido.

Laura viu seu reflexo num espelho e soltou uma exclamação de espanto. Ela era outra menina, que vivia em outra época. Uma menina com enormes olhos oblíquos e uma boca em forma de coração. Uma menina com um vestido que marcava perfeitamente cada curva de seu corpo, cujo toque contra sua pele era como uma carícia, e que a transformou numa criatura sensual, com seios que pareciam duas bolas de sorvete de baunilha emergindo da renda negra. Uma menina que devia falar com uma voz rouca e dizer coisas como "Preparem-se, meninos, a noite vai ser emocionante". Não uma menina que precisava aturar alguém enfiando a mão em seus seios para arranjá-los melhor dentro do vestido.

– Esse devia serr meu. Tire agora!

Irina pulou do banquinho onde estava e se aproximou ameaçadoramente de Laura.

– Eu vou usarr. Tire!

Laura já sacara qual era a de Irina. Ela achava que, se exigisse coisas o tempo todo, gritando e ameaçando todo mundo, então todos iam acabar se dobrando às suas vontades. A mãe de Laura costumava usar o mesmo truque quando ela era pequena e não queria ir para a cama. Também não tinha funcionado naquela época.

Laura colocou a responsável pelas roupas entre ela e Irina e disse firmemente:

– Lamento muito que você esteja insatisfeita, mas vai ter de discutir isso com os caras da Augustine. Eles estão aqui, conversando com o Ted.

– O seu vestido é tão lindo quanto esse – disse a menina docemente. – Na verdade, é mais bonito ainda – afirmou ela, sem tato nenhum.

– Não querro saber. Querro esse. – Irina apontou um dedo beligerante para Laura. – Você está horrível mesmo.

Não era verdade. Laura *sabia* que não era verdade, mas uma sementinha de dúvida surgiu em seu cérebro. *Eu estou calma. Estou fria. Sou uma pedra de gelo. Sou um freezer cheio de pedras de gelo.*

Era difícil fazer aquela meditação enquanto Irina empurrava a garota contra Laura, tentando atingi-la com a mão. Laura deu um passo para trás, tomando cuidado para não tropeçar na cauda do vestido. Se ele rasgasse ou qualquer coisa assim, ia ser uma tragédia tão grande que ela nem queria pensar no assunto.

– Pare com isso! Qual é o seu problema? – perguntou Laura com o tom de voz mais gélido que conseguiu emitir. – Olha só para você. Eu querro. Eu querro. O vestido não é seu, então sai fora!

– Não fale comigo assim! – exigiu Irina, que estava mais parecendo uma louca, com os cabelos cheios de rolinhos e cílios postiços num olho só. – Consigo muito mais trrabalhos que você!

Aquilo estava parecendo mais uma briga de criança. Laura se perguntava se ia precisar dizer "Mas meu pai é mais forte do que o seu" para Irina quando alguém tossiu baixinho. Era Snowy, que estava na porta do camarim se apoiando na bengala.

– Mas, minha querida. – Ele balançou um dos dedos para Irina.

Em menos de um segundo, Irina mudou completamente e começou a soltar uma risadinha feminina.

– Você e esse temperamento russo – disse Snowy. – Você é mesmo uma pequena imperadora, não é?

– Só querro ficar bonita para você, Snowy – Irina arrulhou como uma pombinha.

Laura quase vomitou de nojo.

– E nossa flor de Manchester já está pronta para ser fotografada?

Irina era uma imperadora e ela era uma flor? Alguma coisa estava errada naquela história.

– Só preciso colocar os sapatos – respondeu Laura com doçura.

– Você está *charmante*, querida! – Snowy entrou no camarim. – Dê uma voltinha para mim.

Não era fácil dar uma voltinha num vestido como aquele. Laura deu uma volta de 360 graus muito lentamente, enquanto Irina lançava adagas pelos olhos.

– Arrebatador – concluiu Snowy. – Irina, vá sentar no banquinho. Temo pela minha vida quando você está com essa expressão no rosto.

Laura colocou um par de sapatos de setecentas libras que quase destruiu seus pés, e deu um sorriso lindo, apesar da dor. Snowy deu-lhe o braço e acompanhou-a para fora do camarim como se ela fosse uma debutante a caminho de seu primeiro baile.

– Gosto muito quando há um draminha como esse nos bastidores – confidenciou Snowy com um sorriso. – De outro modo, essas sessões podem ser horrivelmente entediantes.

Graças a Deus, eles fizeram as fotos na escada antes das outras. Laura precisou se recostar numa balaustrada com arabescos dourados, com os braços esticados e a coluna arqueada como a de alguém que tinha escoliose. Tudo isso fazendo uma cara sensual.

Depois, ela teve de se sentar no corrimão e fingir que não estava agarrando a madeira cor de creme com toda a força, porque senão ia cair lá embaixo e quebrar todos os ossos.

*Eu estou calma. Estou fria. Sou uma pedra de gelo*, repetiu ela como um mantra enquanto Snowy lhe dava ordens seguidas. Atrás dele estavam Zilli, Costello e três funcionárias da Augustine, com a cabeça tão junta que mais pareciam um monstro mitológico, conversando aos sussurros. Mas Laura precisava esquecer tudo aquilo e se concentrar. Não conhecera Ava Gardner pessoalmente, mas tinha a impressão de que ela não ficaria nervosa nem se uma espaçonave pousasse no telhado.

Laura tirou uma última sequência de fotos, para a qual teve de descer as escadas "como se fosse entrar no baile, querida... você é a mulher mais bela da noite..." e então pôde parar por cinco minutos e tomar um pouco de água de canudinho, para que nem uma gota caísse no vestido. A maquiadora veio ajeitar seu cabelo e passar algo em seu rosto com um pincel que a fez sentir vontade de espirrar.

O sistema de som emitiu um estampido alto que quase fez Laura pular no teto, e depois se ouviu uma melodia melancólica e a voz de Billie Holiday cantando "Strange Fruit".

– Vá para a pista, Laura, quero ver um pouco de movimento nas próximas fotos – disse Snowy.

Laura se moveu na direção do X que havia sido marcado no chão de parquete, tentando não estremecer com a dor que estava sentindo nos pés. Ela se moveu gentilmente, seguindo o ritmo e tomando cuidado para que seus braços não parecessem pranchas de madeira. Snowy pareceu satisfeito, mas então Irina surgiu com um vestido tão parecido com o de Laura que nem Zilli nem Costello teriam sido capazes diferenciar os dois.

Laura tentou se concentrar em não rasgar a barra do vestido com o salto do sapato e em manter os olhos "semicerrados, porém bem abertos" como Snowy ordenara (embora aquilo não fizesse sentido). Mas era difícil fazer isso com Irina soltando gargalhadas com os técnicos de luz e dando sorrisinhos vitoriosos para Laura quando ela a olhava sem querer. Ava Gardner provavelmente teria mandado Frank Sinatra e seus capangas resolverem aquela situação, mas nunca era possível encontrar um cantor dos anos 1950 com ligações mafiosas quando se precisava de um.

Foi só na última sequência de fotos, para a qual Laura teve de subir no balcão do bar, que a bagunça de Irina atingiu seu auge. Pelo canto dos olhos, Laura viu Irina apontar para ela, inflar as bochechas e então fingir que estava caminhando pesadamente, como uma pessoa muito gorda. Por que ninguém arrastava aquela idiota para fora dali?

– Por favor, me dê algum sinal de vida – pediu Snowy, impaciente. – Você é a estrela do baile, não um peixe morto sendo embrulhado num jornal.

O sorriso de Irina ficou ainda mais maldoso, e esse foi o incentivo de que Laura precisava para brilhar mais do que nunca.

– Desculpe – disse ela baixinho.

Agora Snowy ia ter de esperar que Laura entrasse no clima de modelo. Ela pensou naquela noite em que estava com Tom e na qual acordara e o vira olhando-a com tanto amor e acariciando seus cabelos...

– Fiquei louco com esse meio-sorriso seu! – exclamou Snowy, excitado. – Deixe seus olhos semicerrados, porém abertos, e vire meio centímetro na minha direção...

Eles haviam passado horas se beijando, até que o sol começara a nascer e a escuridão clareara devagar. Laura se lembrava perfeitamente. E, embora Tom não houvesse dito que a amava naquela noite, Laura soubera que era isso que ele estava sentindo.

Ela sorriu com a lembrança, sem ver o flash da máquina ou as luzes dos refletores, enxergando apenas o rosto de Tom.

– É isso! – disse Snowy. – Cinco minutos de intervalo, minha, gente, e depois vamos fazer tudo de novo. Laura, você volta daqui a duas horas para fazer o teste de câmera.

Laura correu para o camarim, passando o mais longe possível de Irina. Na verdade, não correu exatamente, mas andou muito rápido. Ela tirou os sapatos devagar, pensando em pegar seu celular. Mesmo depois de meses longe de Tom, Laura ainda sentia vontade de ligar para ele quando estava no meio de uma crise qualquer. Mas o que ela ia dizer? "Oi, querido. Sei que a gente não se fala há um tempão porque eu dormi com outro cara e você agora está namorando uma piranha, mas eu talvez consiga uma campanha que pode me transformar numa *top model* e estou precisando de alguns conselhos, pois não sei o que fazer com minha arqui-inimiga." É, não ia rolar.

Laura sentiu vontade de se esconder num cantinho para ver Irina trabalhando. Mas ela ou ia acabar sendo afogada por seu complexo de inferioridade ou Irina ia dar um jeito de expulsá-la dali, afirmando que Laura era quem estava fazendo bagunça.

Sua salvação foi seu iPod. Laura foi para uma lista de músicas sem ver qual era e tomou um susto ao perceber que fora a que ela criara para o *Quero ser modelo*. Ela ouvira aquelas músicas sem parar quando estava na casa do programa. Dançara na frente do espelho, mandando beijos para si mesma e adorando seu reflexo, pois era uma narcisista iludida naquela época. Cara, se ela conseguisse ter um décimo daquela confiança agora...

Era hora de voltar para o jogo.

– Eu quero isso – disse ela baixinho. – Quero mais do que qualquer outra coisa no mundo. E eu sempre... bom, quase sempre... consigo o que quero. A Irina vai se ferrar.

Laura repetiu isso inúmeras vezes. Quando Ted finalmente surgiu para levar Laura para o teste de câmera, ela lhe deu um sorriso cheio de segurança e voltou para o set.

As luzes levaram muito mais tempo para ser ajustadas dessa vez. Um dos assistentes de Snowy clicou seu fotômetro tantas vezes na frente do rosto de Laura que ela achou que ia ficar vesga pelo resto da vida. Ela espalhou a saia do vestido por sobre o veludo do sofá onde estava sentada e relaxou os músculos do rosto fazendo caretas. Na verdade, aquilo também ajudava a aliviar a tensão, pois Irina, ali do lado, falava bem alto com Ted, contando como se saíra maravilhosamente bem.

– O Snowy me ama. Ele diz que eu sou muito fotogênica. Todas as minhas fotos ficam boas de primeira.

Ela merecia se engasgar com todo aquele orgulho, num momento em que não houvesse ninguém por perto para fazer a manobra de Heimlich. Uma das mulheres que trabalhava para a Casa de Augustine veio para perto de Laura lhe explicar o que ela precisava fazer. Basicamente, era fingir que estava seduzindo a câmera e então segurar o vidrinho do Siren de forma que ele ficasse visível na hora que ela falasse a última frase do roteiro. Não havia perfume no vidrinho, pois a fragrância estava guardada a sete chaves num depósito perto de Nápoles. Aquilo dificultava um pouco.

– Como é o perfume? – perguntou Laura.

Ela logo se arrependeu, pois a mulher beijou as pontas dos dedos e começou a lhe dar uma longa e apaixonada descrição.

– Uma nota forte de rosa para dar um botão de sensualidade, equilibrada pela modernidade fresca da peônia e pela doçura picante do cassis, que dá uma certa vibração. É carnal e selvagem, mas também contido, com uma força interior silenciosa. Além do mais, o vidrinho é muito fofo. Adorei! É tão *vintage*!

Ainda não haviam permitido que Laura tocasse no vidrinho, para que ela não corresse o risco de manchá-lo com suas impressões digitais. Mas outra serviçal, que estava usando luvas de proteção, ia colocá-lo em suas mãos no momento exato.

– É maravilhoso – disse Laura animadamente. – Rosa, peônia, cassis, carnal...

Ela parou. Se ficasse tentando memorizar os ingredientes do perfume, ia esquecer totalmente do que tinha de dizer.

Devagar, toda a movimentação e os diversos ruídos do set pararam e, para surpresa de Laura, alguém gritou:

– Primeiro *take*!

Durante um segundo, Laura só conseguiu pensar no fato de que deveria estar falando, mas emudecera. Sua mente estava vazia como... ela não conseguia nem pensar numa analogia apropriada. Qual era mesmo a primeira frase?

– Por um momento – disse ela, de repente, e então todas as palavras do texto ressurgiram como numa correnteza. – Por uma eternidade. Para sempre...

Ela estava indo superbem. Lembrava-se até de ser sensual e de não falar com sotaque, que ficava mais forte quando ela estava nervosa.

– Por um dia...

CRAC! Ouviu-se uma explosão ensurdecedora em meio ao silêncio.

– Não foi minha culpa – disse Irina, olhando espantada para o vidro quebrado a seus pés, como se não conseguisse entender de que maneira ele fora parar ali.

– Limpem isso agora! – gritou Snowy. – Antes de o Natal chegar, por favor!

Laura escondeu as mãos trêmulas embaixo das dobras do vestido e tentou se concentrar, mas na sua mente havia um turbilhão de "para sempres", rosas, eternidades e peônias.

Ela estragou o segundo *take*, pois não lembrou do texto.

No terceiro, ela lembrou das palavras, mas foi interrompida por Snowy, que disse num tom gélido que ela precisava soar como se fosse "de Capri, querida, não da roça".

No quarto, Laura gaguejou.

No quinto, ela não conseguiu falar o texto direito e quase derrubou o vidrinho do perfume, que foi salvo no último segundo pela menina de luvas.

– Laura, vou dar um minutinho para você se acalmar – disse Snowy com rispidez.

Irina sorriu triunfalmente, e era óbvio que estava achando que aquele contrato multimilionário já era dela. Ela se comportava de forma atroz, mas ninguém tomava nenhuma providência. Era como se todos não apenas esperassem aquilo, mas também concordassem com o que ela estava fazendo.

Como *assim*? Tipo, se Laura começasse a agir como uma estrelinha insuportável, será que iam deixar também? Só havia uma maneira de descobrir.

– Com licença – pediu ela, gaguejando um pouco e com o coração aos pulos. – Gostaria que todo mundo que não fosse necessário saísse do set, por favor.

Ninguém ficou mais surpreso do que a própria Laura. Nem mesmo Irina, cuja boca estava absolutamente escancarada de espanto.

– É que esse pode acabar sendo o anúncio mesmo, e há muita gente aqui, e está me distraindo, e eu quero fazer isso direito e me colocar de corpo e alma...

– Todo mundo, fora – Snowy interrompeu a explicação sem pé nem cabeça de Laura, dando-lhe um sorrisinho que ela não conseguiu decifrar. – Sim, Irina, creio que estamos nos referindo especificamente a você, embora a senhorita Parker seja educada demais para dizer isso. Mas eu não sou. Saia. Agora.

Snowy se recostou novamente em sua cadeira enquanto Irina ia embora dali, com as costas ondulando como as de um gato furioso.

– Parabéns, minha querida, você finalmente está começando a agir como uma *top*, e não mais como uma pessoa normal. Todo mundo em posição e... sexto *take*.

O sexto *take* foi tão perfeito que mereceria ser embrulhado para presente e amarrado com um laço de fita. O sétimo *take* foi feito só por via das dúvidas, e não houve um oitavo, pois Laura estava sorrindo de orelha a orelha sem nem fingir modéstia, enquanto recebia os aplausos que tanto merecia.

Meia hora mais tarde, ela já estava com suas roupas normais, colocando o resto de suas coisas na bolsa. Mas, antes de ir embora, não resistiu e se escondeu atrás de uma pilastra para ver o teste de câmera de Irina. Ela disse o texto num inglês perfeito, como se houvesse estudado numa das melhores escolas da Inglaterra, e sua beleza quase alienígena estava mais aparente do que nunca. A imagem de Irina no monitor era ainda mais sedutora do que a versão de carne e osso. Irina não era fotogênica – ela era fantástica nas fotos.

Irina não tinha de fingir nada, ela já era tudo. Que pena que também era a maior escrota que havia existido desde o início dos tempos. Quem mais poderia ter mergulhado o iPod de Laura num copinho de plástico cheio de café?

# Capítulo vinte e três

Laura achou que seu telefone ia tocar instantaneamente e que alguém ia anunciar quem afinal tinha conseguido a campanha do Siren.

Mas, no mundo da moda, nada acontecia no momento certo. Cinco minutos em geral queriam dizer cinco horas, principalmente quando ela estava numa cidade estranha, com saudades de casa, e esperando eternamente para que seu itinerário da próxima semana chegasse, ou para que o assistente do fotógrafo parasse de mexer com os refletores, ou pelo telefonema que ia lhe dizer que ela era a garota do Siren, e não uma modelo qualquer.

Só que o telefonema não veio de jeito nenhum e a vida voltou ao normal. Ou ao que era normal para Laura – ver seu pai assinar seu novo contrato com a Cosméticos Sparkle e perceber sua mão tremendo um pouco quando ele leu o valor que ela ia receber.

– Não tenho mais ideia do que vou lhe dar de aniversário – disse seu pai, meio na brincadeira, quando estavam tomando um chá rápido antes de ele voltar para Manchester. – Não importa se você não conseguir o outro trabalho, meu amor. Já tem dinheiro para o resto da vida, contanto que não compre bolsas demais.

Mas importava, sim. Importava muito. Não só por causa do dinheiro – embora o dinheiro fosse uma enorme tentação –, mas também para que Laura soubesse que tinha dado certo. Soubesse que tinha valido a pena correr todas aquelas vezes em volta do laguinho do Regent's Park e abandonar o hábito de comer chocolate. E que tinha valido a pena apostar em sua carreira, em vez de correr atrás daquilo que seu coração estava pedindo. E para que Laura soubesse que *ela* valia a pena. Irina obviamente sentia a mesma coisa, pois ela agora começava todas as frases falando: "Quando eu for a garota do Siren... vou sair desse apartamento. Nunca mais vou usar a mesma roupa duas vezes. Vou ter uma assistente. *E ainda vou sendo uma escrota psicopata*". Até Hadley tinha entrado na brincadeira e sussurrava para Laura: "Quando eu virar a garota do Siren, vou abrir uma cadeia de lanchonetes que só vão vender salsichas fedorentas".

Ted apenas balançava a cabeça e sorria quando Laura lhe perguntava se ele já tinha uma resposta. E Heidi cooperava menos ainda, dizendo:

– Se você mencionar isso mais uma vez, vou arrancar sua cabeça fora.

Por isso, foi um alívio para todos quando Laura foi para Nova York, que estava fedorenta, quente e mágica como sempre. Ela sabia que havia sido enviada para lá para se ocupar com alguma coisa e parar de fazer carinhas tristes para o seu BlackBerry. Ocupar-se não era de todo mau. Ocupar-se fazia com que parasse de pensar na campanha do Siren por cerca de três segundos de vez em quando. Ela precisava tirar fotos para a campanha da Sparkle e para o catálogo de outono de uma loja de roupas moderninhas. E Candy estava lá também, então Laura ia poder sair com ela.

Candy acompanhou Laura quando ela foi à sessão do catálogo, e quase foi expulsa do estúdio ao pegar um vestido de veludo molhado e declarar bem alto:

– Cara, acho que fiquei mais cafona só de segurar isso aqui.

– Cale a boca – sugeriu Laura, rangendo os dentes e só parando ao ver Candy sair do estúdio com um aceno indiferente.

– Não precisa ficar nervosinha – disse ela da porta. – Vejo você no Balthazar mais tarde.

O Balthazar era um famoso restaurante de comida francesa, onde gente como a Kate Moss se empanturrava de – bom, Laura tinha certeza de que Kate Moss não se empanturrava de nada. Mas ela própria comeu um filé e uma salada e ficou esticando o pescoço à procura de celebridades.

– Você podia pelo menos olhar para mim enquanto eu estou falando – suspirou Candy. – Não tem ninguém famoso aqui hoje. Além de mim – acrescentou ela com satisfação.

Laura espetou uma folha de rúcula com o garfo.

– É que eu estou um pouco distraída. Achei que o Ted já ia ter me ligado, a essa altura. Quanto tempo leva para ver dois testes de câmera e decidir qual é o melhor? De repente, o da Irina foi melhor e o meu foi o pior desde que os testes de câmera foram inventados.

Candy ouviu Laura por apenas alguns segundos, pois esse era o seu limite.

– Se a Irina conseguir essa campanha, eu vou morar na Lua – disse ela com raiva. – Ela já é uma bruxa insuportável sem ser a garota do Siren. Se ela conseguir o trabalho, seu ego vai ficar tão grande que ela vai explodir. Isso ia ser maneiro.

Mais bacana ainda seria a *Laura* se tornar a garota do Siren.

– Nunca ouvi falar de uma explosão de ego na vida. – Ela colocou os cotovelos na mesa. – Foi mal. Sei que não estou sendo uma boa companhia. Mas quando tento não pensar no assunto, aí é que não consigo mais parar de pensar.

– Sai dessa! – exigiu Candy, fazendo um gesto para o garçom. – Vamos sair daqui e ir no Gotham, eles nunca pedem identidade.

Candy, que tinha transtorno de déficit de atenção, sempre odiava ficar no mesmo lugar por muito tempo, e por isso Laura concordou em sair do restaurante e pegar um táxi. Em pouco tempo, ela estava sentada numa mesa com um ar de tristeza, bebendo um suco numa boate que era igual a todas as outras às quais já fora com Candy.

Um DJ estava colocando músicas que davam dor de cabeça, enquanto meninas que tinham feito dieta até ficarem parecendo cabos de vassoura e usavam quase nenhuma roupa andavam de um lado para o outro, fazendo pose para o cara com a máquina fotográfica. A turma que ia para a balada em Nova York era composta por meninas e meninos assustados, estes com barba por fazer e usando bonés que, segundo Candy, mostravam certa zombaria.

– Ninguém em Manchester ia sair de noite usando um boné, mesmo que fosse por brincadeira – resmungou Laura.

Ela não só estava obcecada com a campanha do Siren, mas também com o radar de encontrar gatinhos quebrado. Ninguém havia avisado a Laura de que esse era um dos efeitos colaterais de levar um pé na bunda. Ela não estava mesmo a fim de encontrar nenhum carinha capaz de esmagar o seu pobre coração com um tênis All Star, mas teria sido bom, pelo menos, ficar feliz em ver um homem bonito por perto.

Laura suspirou de novo e logo se arrependeu, pois Candy revirou os olhos e bateu as pontas dos dedos na mesa.

– Você ainda está triste por causa do menino de Manchester, depois de todos esses meses? A fila anda, Laura!

– Da última vez que a fila andou, eu me ferrei – disse Laura com mau humor.

– Olha, meu amigo Crispin está bem ali – continuou Candy, como se nem tivesse ouvido o que Laura dissera. – Ele toca numa banda e eles acham que são os novos The Strokes, só que não são de jeito nenhum. Posso chamá-lo para sentar aqui?

Laura olhou para o lugar que Candy estava apontando, que era o canto mais escuro da boate, onde um menino de terno, com cabelos compridos e desgrenhados, tentava sutilmente se olhar nos espelhos da parede

– Cara, que *poser*! – Ela riu, e pegando seu BlackBerry pela milionésima vez. – Por que o Ted não me liga?

– Vira esse disco! – exclamou Candy, tendo um espasmo de irritação com o corpo inteiro, o que envolveu sentar-se com força e balançar os membros loucamente. – Você está um saco, Laura, e eu não posso ser vista com gente assim. É ruim para a minha imagem.

Pelo menos, Laura ia poder se alegrar ao ver Candy tendo um ataque de nervos. Depois que ela se acostumara com os ataques de Candy, passara a considerá-los engraçados. Ela sorriu e então soltou uma exclamação e se empertigou toda ao ver uma mulher se aproximando delas com um sapato de salto quinze.

– Candy, essa não é a *mãe*?

Candy olhou também e deu um gemido de pânico.

– Ai, não! Quem deixou essa mulher entrar aqui?

– Candy, meu docinho! – cumprimentou Bette Careless.

Laura se afastou bem na hora, e ela se atirou no sofá onde as duas estavam e cobriu de beijos o rosto da filha, que tentava desesperadamente sair dali.

– Que merda, me larga! – gritou Candy.

Laura ouviu tudo, apesar da música horrivelmente alta. Era bem mais divertido do que ficar chorando pelos namorados derramados e esperando o telefone não tocar.

Bette Careless era exatamente igual ao personagem dela no programa. E não parava nunca de falar. Mas sacava *tudo* de moda. Ela tirou seu celular e, em dez minutos, Laura já tinha horas e mais horas de encontros marcados com gente que nem Ted conseguia contatar.

– Fale para o Marc que foi a Bette quem mandou você – disse ela com sua voz de menininha com sotaque britânico. – E lembre a ele que ainda está me devendo um vestido da última coleção. Você acha que eu devia botar silicone?

Laura precisou se esforçar muito para não mandar seu suco toda para fora pelas narinas. Mas Candy nem se abalou com a pergunta e só terminou de mastigar uma pedra de gelo antes de responder:

– Você devia mesmo fazer algumas plásticas. Principalmente nos olhos.

Bette nem pestanejou.

– Vaca.

– Vagabunda.

– Pirralha.

– Deslumbrada.

Ver mãe e filha falando uma com a outra daquele jeito era horrível e fascinante ao mesmo tempo. Laura achou melhor sair fora antes que o tempo fechasse mais ainda.

Duas horas depois, Laura estava esparramada em sua cama de hotel. Após dois dias tirando milhares de fotos para o catálogo da American Outfitters, seus ossos começavam a doer. Além disso, ela nem conseguia lembrar como era *não* estar com *jet lag*. Laura passou hidratante no rosto e se enfiou em seu pijama mais esfarrapado, mas depois disso nem teve forças para pegar o telefone e pedir para ser acordada na manhã seguinte.

Alguém bateu na porta do quarto, o que fez Laura soltar um gemido e rolar para o outro lado da cama. Se fosse o executivo sueco que estava hospedado no quarto adjacente perguntando *de novo* se ela queria beber um vinho com ele, ela ia pegar a garrafa e bater na cabeça do homem. Desde que não precisasse se mexer para fazer isso.

Laura rolou para fora da cama, marchou até a porta e abriu-a com um puxão.

– Olha, eu já falei... Ei, Ted! O que você está fazendo aqui?

Ted estava usando seu terno Paul Smith preferido e tinha uma expressão muito séria. Foi então que Laura se lembrou; Irina também estava em Nova York, num hotel do outro lado da cidade. Ele devia ter ido primeiro ao hotel dela, para dar as boas novas.

– É o Siren? – perguntou Laura, com a voz só um pouco trêmula. – Eles já escolheram?

Ted abriu a boca e ela soube que ele ia destruir todos os seus sonhos. Talvez tenha sido por isso que tapou a boca dele com a mão – para adiar um pouco o momento em que Ted ia estraçalhar sua vida.

– Resuma bem – implorou ela.

Laura achou que seria melhor permitir que Ted respirasse e decidiu tirar a mão da boca dele e deixá-lo entrar no quarto.

– Não me diga que vai haver outras chances, nem que foi uma decisão difícil. Vamos acabar logo com isso – continuou ela.

– Se é isso mesmo que você quer. – Ted colocou sua pasta Louis Vuitton na mesa de centro. – Não quer se sentar antes, em vez de ficar parada na frente da porta do banheiro?

– Não, vou entrar aqui e chorar depois de ouvir a notícia – explicou Laura.

Ted abaixou a cabeça, com ar de quem compreendia.

– Foi uma decisão muito difícil – disse ele, embora Laura houvesse lhe pedido para pular aquela parte. – E vai haver outras chances...

– Ted!

– Para a Irina. Não para você, querida. Você vai fazer a campanha do Siren, Laura. Parabéns, minha mais nova *top model.*

– Isso é uma piada? É uma piada, não é?

Laura viu seu reflexo no espelho. Ela estava com uma meleca branca no rosto, e seu pijama era de fadinhas. Aquela menina não se parecia nada com uma *top model.*

Ted se sentou e deu tapinhas no lugar ao lado do dele.

– Venha aqui – chamou ele, e Laura se atirou no sofá. – Eles amaram você. Amaram saber que você perguntou como era o perfume. Amaram o jeito como você lidou com os problemas no set e quase desmaiaram de emoção quando viram sua gravação. Querem fazer as fotos de novo, porque acharam que a luz não estava perfeita, mas querem você com exclusividade pelos próximos três anos.

– Três anos? Então eu não vou poder trabalhar para mais ninguém? – perguntou Laura, franzindo a testa.

– Bom, você não vai poder fazer nenhuma outra campanha internacional para perfumes, mas eles vão pagar uma baba por esse privilégio.

– Que baba?

A voz de Laura soou estranha – suas cordas vocais pareciam estar debaixo d'água. De repente, ela estava pegando um resfriado.

Ted pegou o bloquinho de anotações do hotel ali atrás e escreveu uma soma que se parecia bastante com um milhão de libras.

– Está bom para você? – perguntou ele presunçosamente. – Claro que você vai receber isso ao longo de três anos, e as taxas de agência e a comissão ainda vão ser descontadas, mas mesmo assim é espetacular.

Laura empurrou o bloquinho do colo de Ted e ele caiu no carpete fofo. Agora, seu corpo todo parecia estar debaixo d'água.

Ela não estava mais conseguindo comandar o movimento de seus membros.

– Tudo bem, querida? Quando puder, diga uma palavrinha.

Laura se levantou, apesar das pernas estarem bambas.

– Banheiro – murmurou ela.

Laura entrou no banheiro, se trancou e fez o que havia planejado: caiu em prantos.

# Capítulo vinte e quatro

Não foi só Laura que chorou – Ted também, quando calculou quanto seria sua comissão. Depois de Laura ter lavado a alma, ela começou a rir histericamente e a andar de um lado para o outro dentro do quarto.

– Não acredito. Não acredito. Calma aí, acredito sim! Ei, você já contou para a Irina? Posso contar para ela? Estou sendo má, não estou? Não quero saber! Sou a garota do Siren!

Ted começou a pular em cima da cama de Laura, de sapato e tudo.

– Meu Deus, Laura, a gente conseguiu! A gente con-se-guiu! Suba aqui agora!

Laura já havia imaginado aquele momento milhares de vezes. Mas jamais sonhara que ia celebrá-lo de mãos dadas com seu *booker*, pulando numa cama que custava quinhentos dólares por noite até o executivo sueco do quarto ao lado chamar a segurança, porque os gritos deles estavam impedindo-o de dormir.

– ...e foi assim que eu fiquei sabendo – terminou ela.

Daisy Bloom riu educadamente e se voltou novamente para a câmera.

– Olá! Hoje nós estamos conversando com a ganhadora do ano passado, Laura Parker, que está nos contando como passou de *Quero ser modelo* para *top model*.

Laura deu o mesmo sorriso idiota que costumava dar na frente dos jurados do programa.

– Temos aqui também Ted Curtis, chefe dos *bookers* da Agência Fierce e que vai ser um dos jurados desta temporada do *Quero ser modelo*. Ted, quando a Laura ganhou o programa, você reconheceu logo seu potencial de estrela?

Ted deu um sorrisinho safado para Laura, e ela se preparou para o pior.

– Quando a Laura apareceu na Fierce a primeira vez, a gente sabia que ia dar um trabalho danado. Sei que ela não vai se importar se eu contar que seu apelido na agência costumava ser A Metida de Manchester.

Claro que Laura se importava. E muito. E foi por isso que deu um beliscão disfarçado na coxa de Ted, sem nunca parar de sorrir serenamente. E ele dizia que *ela* é que precisava de um assessor de imprensa.

– Mas não tivemos trabalho nenhum. Ela é que teve. Cinco meses atrás, Laura não conseguia impressionar nenhum cliente, estava acima do peso e precisou de algum tempo para tomar algumas decisões difíceis sobre o seu futuro. Então ela saiu e tirou fotos para qualquer um que concordasse em lhe dar uma boa foto para colocar em seu book, fez tanta ioga que passou a vestir um número menor e aprendeu mais sobre a indústria da moda em seis semanas do que algumas modelos aprendem durante a vida toda.

Agora, sim – elogios e mais elogios. Mas Laura ainda ia ter uma conversinha com Ted e explicar que ele nunca mais devia chamá-la de "metida" em público.

– Mas a Laura não conseguiu dois contratos incríveis simplesmente por ter trabalhado tanto. Ela teve tanta força de vontade que fez as coisas acontecerem. Por isso, nesta temporada, eu não vou procurar simplesmente pela menina mais bonita, mas pela menina que vai ter a coragem e a determinação para vencer numa indústria muito difícil.

A câmera mostrou o rosto nervoso das doze finalistas daquela temporada do *Quero ser modelo*, que estavam sentadas em dois sofás ali na frente. Nem Heidi, nem os diretores de *casting*, nem os fashionistas mais metidos tinham avaliado Laura com tanta atenção quanto aquelas meninas, que a estavam observando para ver se ela era mais bonita, mais magra, mais incrível ou mais merecedora do que elas.

– Laura, qual é o segredo para ser bem-sucedida num mundo tão competitivo como o da moda?

Laura voltou a prestar atenção em Daisy e tentou não franzir a testa ao pensar.

– Quando eu ganhei o programa, achei que a competição tinha acabado – admitiu ela. – Mas, na verdade, não tinha nem começado. Ela começou de verdade quando eu passei a disputar trabalhos com meninas mais experientes do que eu. Logo precisei aprender que não tinha nascido sabendo tudo, e que precisava ser mais humilde. A vida de modelo pode ser dura e cruel, mas é sempre bom ser educada. Eu chego na hora, digo "por favor" e "obrigada", lembro dos nomes das pessoas e não desisto nem se odiar todas as roupas e estiver com TPM.

Daisy assentia com a cabeça, mas jamais dera essas dicas para Laura enquanto ela estava no programa.

– Viram, meninas? Não é só a aparência que tem de ter força, *vocês* precisam ter força. Então, quem quer fazer uma pergunta para a Laura?

– Como você conseguiu dar certo, apesar de vestir um manequim maior do que a maioria das modelos? – perguntou uma menina agressiva cuja barriga era um côncavo.

Laura decidiu que ia pedir para Ted acabar com toda aquela soberba quando ela estivesse na frente dos jurados.

– Eu visto tamanho 38 pequeno ou 36 grande, o que significa que tenho mais bunda que uma modelo normal. – Laura fez uma cara tristonha enquanto a plateia ria. – Eu tive sorte. As coleções do ano passado valorizavam curvas, e eu estava no lugar certo na hora certa.

– A Laura não teve só sorte – afirmou Daisy. – As boas modelos conseguem seguir as tendências, mas as *top*, como a Laura, definem as tendências.

Uma das meninas mordeu o lábio nervosamente e perguntou:

– Você come chocolate? Porque eu acho que nunca vou conseguir parar na minha vida.

– Eu adoraria ser uma dessas meninas que comem seis quilos de chocolate e não ganham um grama. Minha maior fraqueza são as batatas chips e todas essas besteiras que as modelos não devem comer. Eu tento não comer e, se caio em tentação, corro bastante. Tipo, bastante mesmo. Mas a gente precisa abrir mão de algumas coisas.

– Queria saber do que mais teve de abrir mão, e se valeu a pena.

Agora foi a vez de Ted dar um beliscão em Laura, provavelmente porque vinha tendo que consolá-la muitas vezes, nas ocasiões em que ela trabalhava até tarde, ficava cansada demais e começava a chorar em seu ombro.

Laura olhou para a menina que fizera a pergunta. Seu cabelo era rosa e havia vários brincos em sua sobrancelha, mas, se você olhasse com atenção para ela, via que a menina possuía uma qualidade qualquer que era de tirar o fôlego. Ted também ficou hipnotizado, e Laura viu que ele estava tremendo de vontade de tirar uma caneta do bolso ali mesmo e obrigar a menina a assinar um contrato.

– Vou abrir logo o jogo. Eu perdi algumas amigas porque elas não conseguiam lidar com a minha nova vida e terminei com meu namorado. Foi difícil não desistir quando tanta coisa negativa estava acontecendo. Mas eu levo essa tristeza para as sessões e uso no meu trabalho. Não dá para ser a metade de um casal e uma boa modelo ao mesmo tempo. Você precisa pensar na sua carreira.

– Ah, Laura, você logo conhecerá algum gatinho que vai curar as feridas desse coração! – exclamou Daisy, dando uma piscadinha. – É solitário estar no topo, *baby*. Todo mundo precisa de um amor.

Daisy entendia do assunto. Ela já estava no terceiro marido, e não tinha nem trinta anos. Mas Laura balançou a cabeça firmemente.

– Quero me concentrar só no meu trabalho. Os meninos só atrapalham. Dá para estar sozinha sem ser solitária.

Laura tinha agora o seu próprio ritmo e não queria que ninguém se interpusesse em seu caminho.

A plateia inteira ficou em silêncio diante daquela solteirona amarga, mas Laura ergueu o queixo desafiadoramente e sorriu. Eles podiam sentir pena se quisessem, mas ela ia para a cama todas as noites com um contrato de um milhão de libras.

– Bom, vamos ver se Laura é mesmo tão apaixonada por seu trabalho – disse Daisy rapidamente. – Temos uma surpresinha para mostrar.

A cortina que havia atrás das finalistas se abriu, revelando uma enorme tela de TV. Se alguém mostrasse um vídeo de Laura cantando no karaokê, ela massacraria todos no estúdio. Mas então a logomarca do Siren surgiu, e Laura respirou, aliviada.

– Essa é a primeira vez que o anúncio da Laura para a nova fragrância da Casa de Augustine, o perfume Siren, vai ser mostrado... – O tom de Daisy era sério, marcando a ocasião solene.

A tela ficou preta. E então surgiu Laura, Laura, Laura, descendo aquela escada enorme com aquele lindo vestido negro de renda. Sua pele parecia uma porcelana em contraste com a roupa e o cabelo era uma nuvem cintilante de cachos.

Na cena seguinte, ela aparecia sentada languidamente no sofá de veludo rosa, com o ar de quem se deliciava com alguma coisa, e não de quem estava se preocupando com o fato de que seus seios ameaçavam pular do corpete. Laura deu um sorriso que dizia que a câmera era sua alma gêmea e ergueu uma das sobrancelhas, parecendo ter um segredo.

– Por um momento – disse ela com uma voz rouca e apenas um leve sotaque de Manchester, que pareceu exótico pela primeira e única vez. – Por uma eternidade. Para sempre. Por um dia. Porque mesmo o tempo para ao contemplá-la.

Ela pausou, enquanto a câmera se aproximava de seu rosto como se quisesse acariciá-lo.

– Siren, a primeira fragrância da Casa de Augustine.

A última cena mostrava Laura passando o vidrinho do Siren no rosto como se quisesse levá-lo para casa e casar com ele assim que o anúncio acabasse. Então a tela voltou a ficar preta, tendo apenas a logomarca prateada do Siren rodopiando devagar no meio.

A plateia ficou em silêncio de novo, mas, dessa vez, foi um silêncio maravilhoso. Laura olhou para seus pais, que estavam estupefatos, como se houvessem acabado de levar uma torta na cara. Ted sorria, orgulhoso. Candy soltou um "U-hu!" altíssimo. E Daisy Bloom parecia estar com só um pouquinho de inveja.

– Uau, Laura! – disse ela. – Você está um luxo! Não sabia que era tão sensual.

Laura deu de ombros.

– Nem eu.

Algumas pessoas começaram a bater palmas isoladas, que vieram num crescendo até ser impossível ouvir outra coisa além do som de mãos batendo umas contra as outras e do nome de Laura.

Aplausos. E eram todos para ela. Porque, quando os produtos eram legais e a luz era boa, Laura deixava de ser apenas uma menina bonita de Manchester e se transformava num lindo sonho. Em alguém que só existia naquele momento.

Tudo bem. Contanto que, quando o momento passasse e as fotos ficassem amareladas, ela continuasse sendo a mesma Laura de sempre. Só que menos metida.

Daisy se despediu de seus telespectadores e, no segundo em que os créditos do programa começaram a aparecer no monitor, Laura se levantou. Sua mãe fazia gestos frenéticos e Ted dizia algo em seu ouvido sobre uma sessão de fotos. Mas Laura estava olhando para o lugar do palco onde estivera quando sua vida mudara para sempre. Ela viu o fantasma da Laura antiga, mordendo o lábio e se remexendo nervosamente.

– Sério, Laura, você precisa se despedir de todo mundo e pegar o telefone daquela menina de cabelo rosa – murmurou Ted ansiosamente em seu ouvido.

A Laura antiga olhou para cima e, por um segundo, os olhos de ambas se encontraram, o passado e o presente colidiram e o futuro ficou logo ali, ao alcance das mãos.

# Glossário Fashionista

Do que esse pessoal da moda está falando?
Entenda alguns dos termos usados em *Fashionistas*

### Agência

Uma empresa que descobre, promove e arruma trabalho para as modelos em troca de uma comissão sobre os ganhos delas. As melhores agências tomam conta das modelos, arrumam apartamentos para que elas se hospedem e basicamente agem como pais adotivos.

### Agente

A pessoa na agência que cuida dos detalhes da carreira de uma modelo: convence os clientes a contratá-la, negocia os contratos dela e possui numerosos contatos no mundo da moda.

### Alta-costura

Termo que define aquelas roupas malucas que você vê na passarela e que demonstram o talento e a criatividade do estilista, mas não são práticas para serem usadas no dia a dia.

### *Beauty Shot*

Uma das fotos mais difíceis, porque em geral é um close-up do rosto da modelo, então se ela tiver uma mancha ou um pelinho fora do lugar, tudo vai ficar visível. Nem todas as modelos tiram fotos assim, pois nem sempre suas feições são bonitas o suficiente.

### Book

Um álbum de fotos que mostra todas as melhores fotos tiradas por uma modelo e seus diferentes *looks*: *beauty shots*, fotos para editorial e fotos mais comerciais. A modelo leva seu book para as entrevistas e os testes, e a agência também o envia para os clientes.

### Booker

A pessoa da agência que cuida do dia a dia da modelo, lidando com os trabalhos que ela conseguiu e até emprestando o ombro para uma choradinha de vez em quanto.

### *Booking out*

Se uma modelo quer tirar uma folga – como duas semanas – dizem que ela está "booking out" por duas semanas. É um jeito metido a besta de dizer que ela saiu de férias.

### *Callback*

Quando a modelo é requisitada a encontrar o cliente em potencial pela segunda vez, depois da primeira entrevista. Um *callback* é uma coisa boa, pois significa que a modelo está sendo seriamente considerada para aquele trabalho.

### Cartão de fotos

Um cartão com as três ou quatro melhores fotos de uma modelo e que contém também todas as suas características: seu nome, suas medidas, o tamanho de seu pé etc. A modelo deve ter sempre vários cartões em seu book para deixar nos testes, e as agências também os enviam para os clientes em potencial quando têm uma nova modelo contratada.

Check-*in*

Todos os dias, a modelo precisa entrar em contato com a agência ou fazer um "check-in", para saber se pintaram trabalhos ou entrevistas.

Colorama

Um enorme rolo de papel que pode ser de praticamente qualquer cor e que é usado como fundo e às vezes para cobrir o chão numa sessão de fotos. Os fotógrafos ficam furiosos se alguém deixa qualquer marca no colorama!

Comercial

O termo usado, em geral com desprezo, para descrever meninas que têm uma beleza simples e pouco exótica e que são usadas em catálogos de moda mais comercial, não em alta-costura.

Comissão

A parte do dinheiro ganho pela modelo que fica com a agência.

Direcional

Um jeito esnobe de dizer que alguém está usando as tendências novas antes que elas sejam divulgadas.

Diretor de *Casting*

A pessoa que decide quais modelos usará num trabalho importante, como uma campanha publicitária ou um clip de música.

### Divisão de Talentos

Essa é a seção de uma agência que lida com celebridades que querem trabalhar como modelos, agencia atores e cantores e ajuda modelos a começar a trabalhar no mundo do entretenimento, cantando, dançando ou atuando.

### Editorial

Uma modelo que tem o *look* necessário para fazer editoriais ou desfiles de alta-costura. A maioria das modelos bem-sucedidas pode fazer tanto editoriais quanto moda comercial.

### Entrevista

Uma entrevista ou audição é quando a modelo conhece os clientes que poderão contratá-la para fazer uma sessão de fotos ou um desfile. Os clientes podem pedir que a modelo ande de um lado para o outro, tire fotos ou responda perguntas, para saber como é a personalidade dela.

### Entrevista em massa

Denominada "cattle call", em inglês, é uma entrevista em que dezenas de modelos são chamadas ao mesmo tempo e avaliadas rapidamente pelo cliente.

### Glossy

Uma foto em preto e branco de 20 x 25 centímetros, em geral um close-up. Mais usada por atores que vão fazer entrevistas com os diretores de *casting*.

### Jolie laide

Termo em francês que significa "bonito-feio". *Jolie laide* é uma maneira de descrever as meninas que têm rosto exótico, mas belo.

Leiaute

Termo técnico que se refere a todos os elementos que compõem uma página que vai ser impressa numa revista ou jornal (fotos, palavras, logomarcas e outros).

*Look-book*

Todos os estilistas têm um. Basicamente, é um catálogo com fotos das roupas de sua nova coleção, que é enviado para compradores e editores de moda.

Modelo de prova

A maior parte dos estilistas ajusta suas roupas numa modelo cujas medidas eles consideram ideal, para que o caimento fique perfeito.

*New face*

Uma nova modelo que acabou de assinar um contrato com uma agência. A maioria das modelos passa algum tempo como "new face", tirando fotos para revistas de adolescentes até conseguir trabalhos mais importantes.

Olheiro

As agências têm "olheiros" que procuram por novas modelos em todos os lugares – até nas ruas da Leste Europeu, de onde têm vindo muitas novas modelos.

Opção

Uma modelo é considerada uma opção quando o cliente demonstra interesse em contratá-la, mas não confirma o contrato. Não é incomum que um cliente tenha uma segunda ou até uma terceira opção para um determinado trabalho, pois sua escolha vai depender do tipo de sessão que for fazer. A segunda opção também pode ser contratada se a primeira não estiver disponível.

Páginas rasgadas

As chamadas "tear sheets" são páginas rasgadas diretamente das revistas e colocadas nos books das modelos no lugar de fotos tiradas em estúdio. Isso prova que as fotos das modelos foram publicadas e, quanto mais chique for a revista, melhor!

Passarela

O lugar por onde as modelos passam nos desfiles. O termo utilizado é sempre "passarela", mas podem ser escadas, uma plataforma flutuante... qualquer coisa. E as modelos têm de andar lá em cima, em geral usando salto muito alto.

Prêt-à-porter

Termo em francês que significa "pronto para usar"! As coleções *prêt-à-porter* são diferentes das de alta-costura e influenciam mais diretamente aquilo que vestimos no dia a dia.

Residuais

Um dinheiro extra que uma modelo ganha se, por exemplo, fizer uma campanha publicitária que será usada por muito tempo.

Sessão-teste

Muitas pessoas que estão começando a trabalhar na indústria da moda – modelos, fotógrafos, estilistas etc. – se juntam e preparam uma sessão-teste, só para treinar para as sessões de verdade e para ter algo para colocar em seus books. E fazem isso sem receber nada!

Tamanho da amostra

Muitas das roupas usadas em editoriais de moda são amostras de coleções enviadas pelos estilistas, que as mandam para as revistas antes de enviá-las para as lojas. O tamanho delas em geral é destinado a modelos, e não a meninas reais. Infelizmente, o tamanho dessas roupas em geral é 36 ou 34, e as modelos precisam ser bem magras para caber nelas.

Temporada

As coleções são sempre por temporada, divididas em outono/inverno e primavera/verão.

Temporada fora

Um tempo longo que uma modelo passa fora do país, trabalhando para outra agência, a fim de poder ganhar experiências. Muitas modelos vão para Nova York, Tóquio ou Milão.

Tendência

O que vai estar *in* na próxima temporada de moda em termos de cortes, tons etc.

Testes

É quando uma modelo visita clientes simplesmente para ser conhecida por eles. Normalmente, a modelo chega com um cartão de fotos e um book para mostrar e, se tiver sorte, será lembrada da próxima vez em que surgir um trabalho.

# AGRADECIMENTOS

Gostaria de agradecer muito a Jill Wanless, que é uma grande estilista e uma pessoa maravilhosa. Não apenas pelas impecáveis dicas de moda, mas também por me dar tanta ajuda e informação e por compartilhar os segredos desse mundo enquanto eu estava escrevendo este livro.

Obrigada também a Emily Thomas, Andrew Sharp e a todos da Editora Hachette. E a Kate Jones, minha inabalável agente, a Laura Sampson e a Karolina Sutton da ICM Books.

E, finalmente, minha eterna gratidão a Marc Jacobs e Miuccia Prada, por me inspirarem e se certificarem de que eu sempre fosse muito bem assessorada.

http://sarramanning.blogspot.com

# Próximo livro...

# Prólogo

...Só quando o carro parou perto do balcão da Virgin no Aeroporto de Los Angeles foi que Amber voltou a falar.

– Você não vai conseguir muitos trabalhos como modelo, meu amor – disse a mãe de Hadley casualmente –, pois tem um lábio inferior curto demais e braços não definidos. Eu, se fosse você, tentaria trabalhar na televisão.

– Obrigada pelo conselho, mamãe – disse Hadley, saindo do carro e colocando os óculos escuros para se proteger dos flashes dos *paparazzi*, que, no entanto, pareciam ter se perdido pelo caminho. – Mas eu sei que vai dar certo. É preciso ter um sonho para que ele se torne realidade, não é?

– Assim é que se fala – disse Amber, sem prestar muita atenção. – Feche a porta, está ficando um calor insuportável aqui dentro.

A porta do carro se fechou na cara de Hadley enquanto ela ficou olhando para as duas malas que o motorista tirara de dentro do porta-malas. O que ela deveria fazer com elas? Onde estava o empregado do estúdio para carregá-las?

Aí Hadley se deu conta; não havia nenhum empregado. Ela teria de carregá-las sozinha. Teria de fazer muitas coisas sozinha, coisas que jamais havia feito antes. Como, por exemplo, despachar sua bagagem e não perder seu passaporte.

Mas não devia ser muito difícil. As pessoas normais faziam isso o tempo todo.

Hadley pegou as alças das malas e começou a arrastá-las na direção da entrada do aeroporto. Que bom que ela malhava sem parar.

– Ei, com licença!

Hadley se virou e viu duas mulheres gordas vestindo camiseta com os dizeres "California Dreamin" que os turistas sempre compravam, olhando fixamente para ela. Pelo menos, ela ainda tinha algumas fãs, apesar de serem mulheres de meia-idade com os cabelos mal pintados.

– Olá! – disse ela alegremente, dando o sorriso que era sua marca registrada. – Tudo bem com vocês?

– Olha, vai ser mais fácil para você arrastar suas malas se usar as rodinhas.

Malas tinham rodinhas? Desde quando? Hadley empurrou os óculos escuros para cima do nariz e sorriu para as mulheres.

– Ah, eu sei, mas prefiro arrastá-las para poder malhar os braços – mentiu ela. – Preciso me manter em forma.

As duas mulheres encararam Hadley com aquele olhar de espanto que sempre levava a algum comentário desagradável. Ela já sabia o que elas iam dizer. Alguma coisa do tipo "Você era tão fofa; Que pena que você cresceu; Quando você vai fazer outro filme?". Era só escolher.

– Meu Deus! – gritou uma delas.

Hadley se preparou para o inevitável.

– É a Hadley Harlow! A gente achou que você tinha morrido!

Este livro foi impresso pela Prol Editora Gráfica
para a Editora Prumo Ltda.